DER DOPPELTE MILLIONÄR

WIE DU INNERLICH UND ÄUSSERLICH REICH WIRST

VON MARC GALAL

Zweite Auflage
2023

Verlag
Marc Galal GmbH
Lyoner Straße 44-48
60528 Frankfurt am Main
www.marcgalal.com

Druckabwicklung ONE WORLD DISTRIBUTION, Remscheid

ISBN-Nummer: 978-3-00-075861-4

$ 元 ¥ €

Inhalt

Vorwort – Hörst Du auch diese Stimmen?

Gleich zu Beginn eine persönliche Frage an Dich: Während Du diese ersten Zeilen hier liest – hörst Du dabei eine Stimme in Deinem Kopf? Eine Stimme, die Dir die Wörter vorliest?

Falls Du gerade ganz bewusst eine Schnelllese-Technik anwendest, hörst Du diese Stimme wahrscheinlich nicht. Doch liest Du dieses Buch wie 90 % der Menschen in unserer Welt, dürfte Dir diese vorlesende Stimme bekannt vorkommen.

Nun möchte ich Dich fragen: Wessen Stimme ist das? Hörst Du sie als meine Stimme, die Stimme von Marc Galal? Hörst Du sie als Deine eigene? Hörst Du sie vielleicht als eine neutrale Stimme, die jedem gehören könnte? Und: Warum hast Du überhaupt den Eindruck, dass Du sie hörst? Ist sie nicht viel mehr einfach da?

Diese Fragen sind nicht leicht zu beantworten. Denn schon als Kinder lernen wir, den Dingen in unseren Köpfen wenig Bedeutung zu geben. „Gedanken kommen und gehen wie das Wetter, ihnen lange nachzuhängen ist Zeitverschwendung" könnte eine Regel lauten. „Über das Denken nachzudenken ist etwas für Philosophen, nicht für Menschen, die etwas erreichen wollen" könnte eine andere Regel sein.

Aber ist uns eigentlich klar, was wir mit dieser Einstellung anrichten? Seit Generationen überlassen wir – gerade in der westlichen Welt – Erwachsene und Kinder hilflos dem Glauben, dass ihre inneren Abläufe unwichtig sind. Hirngespinste, nicht mehr. Fixe Ideen, nutzloses Zeug, am besten einfach ignorieren.

Wieso leben wir in diesem traurigen Zustand?

Eines ist klar: Die Welt um uns herum ist handfest und einfach. Wenn ich mir einen silbernen Schreibtisch kaufe und ihn in mein Büro stelle, dann steht er da. Er steht dort, wenn ich den Raum verlasse. Er steht dort, wenn ich den Raum wieder betrete. Er steht da auch morgen noch. Er steht da einfach bis ans Ende seiner Tage. Wenn ich hinschaue, sehe ich ihn. Wenn ich nicht hinschaue, sehe ich ihn nicht. Er kann sich nicht unbemerkt an mir vorbeischleichen etc. Bei Gedanken ist das alles fundamental anders.

Was in uns abläuft, scheint flüchtig zu sein, schnell und kurzlebig. Häufig erscheint es nebensächlich und passiert unbemerkt – und doch ist unser Innenleben immer da. Den ganzen Tag und auch nachts im Schlaf. So haben unsere inneren Abläufe jede Menge Zeit, ihre Wirkung zu entfalten. Ob wir wollen oder nicht. Wie kann so etwas unwichtig sein?

Stellen wir uns vor, wir säßen arbeitend in einem Raum. In diesem Raum spielt ein Radio alle fünfzehn Minuten die Frage ab: „Was, wenn gleich die Welt untergeht?“ Wie eine hängende Schallplatte, bei der niemand die Nadel versetzt, wiederholt sich diese Frage permanent und pünktlich. Spätestens nach der fünften oder sechsten Wiederholung würde ein Teil von uns diese Frage beantworten.

Vielleicht denken wir unabsichtlich an einstürzende Gebäude. Vielleicht an die Menschen, die uns wichtig sind. Die inneren Antworten würden einfach kommen. Äußerlich könnten wir trotzdem unserer Arbeit nachgehen. Aber sind die Antworten in unserem Inneren deshalb unwichtig? Sind sie deshalb „nicht da“? Hörst Du die Vorleserstimme nicht "wirklich"?

Wir haben gelernt, unsere inneren Prozesse als unwirklich anzusehen und sie sich selbst zu überlassen. Stattdessen streben wir nach Dingen in der äußeren Realität: nach Luxus, Reichtum, Statussymbolen. Dinge, die in einer Realität existieren, die außerhalb von uns besteht. Ich nenne sie in diesem Buch die „äußere Realität“.

Die äußere Realität ist die sichtbare und greifbare Welt, die uns umgibt. In ihr findet sich unser Bewusstsein bestens zurecht. Diese Art von Realität können wir sehen und berühren, schmecken und riechen. Sie ist die Welt der Physik, der Menschen, der Natur, der materiellen Dinge, die Welt des Geldes und der Gesellschaften, die Welt der Jobs, Familien und Spielplätze, die Welt der linearen Zeit usw.

Doch jetzt die Fragen aller Fragen: Die Stimme, die Dir diesen Text vorliest, und die unwillkürlichen Antworten in unserem Inneren – was sind sie? Gibt es sie nicht auch „wirklich“? Wieso kommen wir auf die Idee, was in unserem Inneren passiert, sei nicht genauso da, wie die Dinge in der äußeren Welt? Oder mit anderen Worten – sind die Dinge in unserem Inneren nicht genauso REAL?

Die direkte Antwort auf diese Fragen: Doch, das sind sie. Sie sind real. Und sie sind Teil eines Konstrukts, das jeder Mensch mit sich herumträgt. Tief im Inneren jedes Menschen existiert eine eigene Welt aus Gefühlen, Gedanken, Erfahrungen und Überzeugungen. Diese Welt bestimmt unser Handeln wie nichts Vergleichbares. Ich nenne diese Welt die „innere Realität“.

Was bedeutet es also, wenn wir akzeptieren müssten, dass jeder unserer Gedanken eine echte Tatsache ist? Was wäre, wenn wir verstehen müssten, dass unser Inneres nach Gesetzen funktioniert – dass nur niemand über diese Gesetze spricht?

Was wäre, wenn wir ein für alle Mal klar sehen müssten, dass wir in zwei Realitäten leben: einer inneren und einer äußeren Realität?
Und was, wenn ich Dir sage: Dieses Wissen existiert in der Menschheit schon seit tausenden von Jahren?

Die Macht der inneren Realität ist um ein Vielfaches größer, als die meisten Menschen zu denken wagen. In der Schule lernen wir nichts darüber, kaum jemand spricht davon. Doch wie Du Deine innere Realität gestaltest, wie Du mit ihr umgehst und ob Du ihre Gesetze verstehst, entscheidet über Dein gesamtes Leben. Es entscheidet massiv über Deinen Erfolg, und zwar in allen Lebensbereichen.

Akzeptierst Du Deine innere Realität, erhältst Du die Macht, die Gesetze Deines Lebens neu zu schreiben. Du öffnest eine Welt für Dich, in der alles möglich ist. Große Ziele, großes Vermögen. Alles, was Du Dir jemals erträumt hast.

Damit Du dieses Wissen einsetzen und die Macht Deiner inneren Realität für Deinen Erfolg nutzen kannst – nur dafür habe ich dieses Buch geschrieben. Auf Deiner Reise wirst Du Deinen Schatten begegnen und sie besiegen. Du wirst loslassen, was Dich aufhält. Und Du wirst erhalten, worauf Du Deine innere Kraft ausrichtest.

Du wirst lernen, wie Du selbst die äußere Realität erschaffst, die Du suchst.

Der Weg zu Deinem äußeren Reichtum führt durch Deine innere Realität.

Das ist das Ziel dieses Buchs.

DAS ist der Weg des doppelten Millionärs.

PS: Innere Realität? Äußere Realität? Du hast schon jetzt weitere Fragen, möchtest direkt mehr Informationen oder hast ein spezielles Thema, dass Dich beschäftigt? Dann buche Dir jetzt Deinen Termin für ein kostenloses, persönliches Strategiegespräch:

www.marcgalal.com/strategiegespräch

1

Rote Kapseln, gelbe Zitronen - Was „innere Realität“ bedeutet

„Dies ist deine letzte Chance. Danach gibt es kein Zurück. Schluckst Du die blaue Kapsel ist alles aus: Du wachst in deinem Bett auf und glaubst an das, was du glauben willst. Schluckst Du die rote Kapsel bleibst hier im Wunderland und ich führe Dich in die tiefsten Tiefen des Kaninchenbaus.“

- Morpheus (Matrix 1999)

An dieser Stelle muss ich etwas Wichtiges klarstellen: In diesem Buch geht es nicht um positives Denken. Es geht nicht darum, jeden Tag optimistisch zu sein. Ein einfaches „Das wird schon!“ sorgt vielleicht für gute Stimmung. Es hilft aber wenig auf dem Weg zu den großen Zielen dieses Buches.

Nein, es geht um etwas Anderes. Denn dieses Nicht-Bemerken der inneren Realität, wie Du es im Vorwort gehört hast, ist enorm problematisch. Auch wenn manche die unbemerkten Prozesse in unserem Bewusstsein nicht ernst nehmen oder sogar belächeln: unser Bewusstsein lacht nicht mit. Wieso das so ist, möchte ich Dir jetzt erklären.

Eine Theorie von Carl Gustav Jung, dem Begründer der analytischen Psychologie, besagt, dass der menschliche Geist angelegt ist wie ein Eisberg: 5 % sind sichtbar über der Wasseroberfläche, 95 % liegen versteckt unter der Wasseroberfläche. Analog dazu sind bei uns die „sichtbaren“ 5 % das wache Bewusstsein. Die „versteckten“ 95 % stehen für unser Unterbewusstsein.

Ganze 95 % unserer Bewusstseinsaktivitäten spielen sich demnach in unserem Unterbewusstsein ab – also ohne, dass wir es wirklich bemerken. Das ist auch gut so, denn unser Unterbewusstsein ist für vieles verantwortlich, wie unseren Herzschlag, Immunsystem, das Wachstum von Haaren und Nägeln usw.

Unser Unterbewusstsein ist ein äußerst komplexes Konstrukt. Es speichert alles, was wir denken, tun und wahrnehmen. Für unser Unterbewusstsein ist alles jederzeit präsent und gleichermaßen real. Unsere Erinnerungen genauso wie eine aktuelle Situation oder wie unsere Fantasien über die Zukunft.

Inwieweit ein Ereignis zu einem festen Bestandteil unserer inneren Realität – im Neurolinguistischen Programmieren (NLP) nennen wir es ein „Programm" – wird, hängt von zwei Faktoren ab: Zum einen von der Anzahl der Wiederholungen. Ein Ereignis wird umso stärker abgespeichert, je häufiger es geschieht. Zum anderen von der Stärke der Emotion(en), die wir mit diesem Ereignis verbinden. Eine einzelne schockierende Erfahrung wird ebenso abgespeichert wie ein über Jahre oder Jahrzehnte wiederholtes Erlebnis.

Menschen, die Angst vor Hunden haben, verbinden häufig nur ein oder zwei negative Erlebnisse mit Hunden. Die Angst vor ihnen haben sie aber manchmal ihr ganzes Leben.

Doch das Unterbewusstsein speichert nicht nur, es gibt auch weiter. Jung bezeichnet es als die Quelle all dessen, was in das Bewusstsein und die Gesamtpersönlichkeit des Menschen eindringt. Es gibt einen kontinuierlichen Strom energetischer Impulse weiter, die ihren Weg ins Bewusstsein in Form von Gefühlen, Stimmungen, inneren Bildern und Symbolen finden. Ein mächtiges Kraftfeld, das bestimmt, wie sich unser Bewusstsein entwickelt.

Dabei sind einige Spielregeln des Unterbewusstseins sehr gefährlich, denn: Unser Unterbewusstsein hat kein Gewissen und auch keine Filter. Alles, was uns auf einem der Sinneskanäle erreicht, wird wahrgenommen. Und alles, was wir denken, wird gespeichert. Dein Unterbewusstsein nimmt alles wahr und erinnert sich an alles.

In unser Bewusstsein dringt dagegen nur, was wir gerade brauchen. Würden wir unser Unterbewusstsein permanent uneingeschränkt wahrnehmen, würden wir handlungsunfähig in der Ecke sitzen. Wir wären vollkommen überfordert von der Fülle an Gedanken und Wahrnehmungen.

Noch ein wichtiger Punkt: Das Unterbewusstsein führt absolut alle Programme aus und schläft nie.

Vielleicht ahnst Du bereits, worauf ich hinauswill?
Hier eine kurze Zusammenfassung: Dein Unbewusstes nimmt alles wahr, was in Dir vorgeht. Es vergisst nicht und aus starken oder wiederholten Erfahrungen formt es eine „Erfahrung" und speichert sie ab. Diese Erfahrung löst eine Verhaltensweise aus.

Dein Unbewusstes führt diese Verhaltensweise kompromisslos zu jeder Zeit aus – denn es möchte Dich beschützen. Es möchte dafür sorgen, dass Du negative Erfahrungen vermeidest und positive Erfahrungen erlebst.

Dieses machtvolle Werkzeug kann Dein Leben auf unglaubliche Weise beeinflussen. Durch das Besinnen auf unser Unterbewusstsein steht Dir eine unversiegbare Quelle an Kraft, Wachstum und Weisheit zur Verfügung. Oder es wird zu einem Netz aus Zweifeln und Grenzen, die Dich für immer dort festhalten, wo Du stehst.

Mit Deinem Unterbewusstsein kannst Du Deine innere Realität formen und verändern – und damit auch Deine äußere Realität nach Deinen Wünschen gestalten. Denn: Wissenschaftlichen Studien zufolge haben Menschen rund 60.000 Gedanken am Tag. Nur etwa 10 % davon, also 6.000, sind neue Gedanken. Noch eine Zahl: Etwa 90 % davon sind Wiederholungen. Und diese Gedanken wiederholen wir täglich.

Für Dich und uns alle bedeutet das: Die meisten Deiner Gedanken laufen nahezu unbemerkt an Dir vorbei, und zwar jeden Tag die gleichen. Erinnerst Du Dich an die hängende Schallplatte aus dem Vorwort, die alle 15 Minuten die gleiche Nachricht abspielt? Sie ist (innere) Realität.

Die Auswirkungen sind wahrscheinlich klar. Wählen wir ein positives Beispiel: Stell Dir vor, Du würdest einem Kind jeden Tag etwa 5.000 Mal zuflüstern „Wenn Du groß bist, wirst Du Rechtsanwalt". Gerade so laut, dass dieses Kind es hört. 5.000 Mal, jeden Tag, für viele Jahre.

Würde es Dich wirklich überraschen, wenn dieses Kind später Rechtsanwalt wird?

Unglücklicherweise sind die meisten unserer Gedanken negativ. Wieder und wieder wiederholen wir in unserem Kopf die negativen Erfahrungen unseres Lebens – und machen es uns so unmöglich, über sie hinauszuwachsen. Wieder und wieder holen wir diese Erlebnisse in das Hier und Jetzt. Dort entfalten sie ihre Wirkung, als würden sie gerade erst passieren und verstärken so das Verhalten, das wir aus ihnen entwickelt haben.

Denn, wie Du schon gehört hast, unser Unterbewusstsein unterscheidet nicht zwischen erinnerter Erfahrung und tatsächlicher Erfahrung.

Um das zu illustrieren, möchte ich ein kleines Experiment mit Dir machen.

Stell Dir bitte einfach mal Folgendes möglichst intensiv vor:

Eine Zitrone liegt in Deiner Hand, der Duft frischer Zitronenschale steigt Dir in die Nase. Du legst die Zitrone auf den Tisch und schneidest mit einem Messer ein kleines Stück heraus. Du beißt genüsslich hinein. In ein schönes, goldgelbes, saftiges Zitronen-Stück.

Der unglaublich saure Zitronen-Saft läuft Dir über die Zunge. Du verziehst ein wenig Dein Gesicht und vielleicht fühlst Du ein leichtes Schaudern, so sauer ist das Stück. Während Du das Stück kaust, verteilt sich der saure Zitronensaft in Deinem Mund, bis Du schließlich alles hinunterschluckst.

Jetzt die Testfrage: Ist Dir gerade beim Lesen dieser Zeilen das Wasser im Mund zusammengelaufen? Mir auch. Obwohl wir es uns nur vorgestellt haben.

Vielleicht kanntest Du dieses Beispiel schon, vielleicht war es neu für Dich. Doch es funktioniert beliebig oft. Auch wenn Du die Textstelle einfach noch einmal liest, wird sich der gleiche Effekt zeigen. Spannend, oder? Nun, woran liegt das?

Es spielt keine Rolle, ob Du das Experiment zum ersten oder zum fünfzehnten Mal machst. Es spielt auch keine Rolle, ob Du Dir die einzelnen Schritte aktiv vorstellst und die Bilder in Deinem Kopf siehst oder nur den Text liest. Vermittelt über Dein Bewusstsein wird Dein Unterbewusstes die einzelnen Schritte für wahr halten und die erforderlichen biologischen Maßnahmen dafür einleiten.

Denn egal was wir uns vorstellen – für unser Unbewusstes passiert es „real". Unsere innere Realität und unser Unterbewusstsein unterscheiden nicht zwischen Wahrnehmungen aus der äußeren Realität und Vorstellungen in unserem Inneren.

Unser Körper reagiert auf die Säure der Zitrone, egal ob wir wirklich hineinbeißen oder nur daran denken. Experimente haben bestätigt, dass tatsächlich dieselben Hirnareale aktiv werden und die Zentren für Erinnerung und Sinneswahrnehmung bei der realen Zitrone ebenso wie bei der vorgestellten zusammenarbeiten.

Das heißt, unser Unterbewusstsein unterscheidet nicht zwischen realer oder vorgestellter Zitrone.

Was ich Dir mit all dem sagen möchte, ist: Die Zitrone ist ein deutliches Beispiel dafür, wie sich Deine innere Realität auf Dich auswirkt. Natürlich ist die Wirkung bei unbewusst ablaufenden Gedanken schwächer. Aber davon hast Du viele tausend am Tag, was ihre Wirkung wieder verstärkt. Du solltest sie also nicht unterschätzen.

Ich erlebe es auf meinen Seminaren immer wieder, besonders auf dem NLP-Practitioner. Menschen kommen zu mir ins Live-Coaching und haben den Wunsch, etwas zu verändern. Aber sie wissen gar nicht, was sie verändern müssen.

Mithilfe von NLP-Techniken finden wir heraus: Ein Erlebnis aus der Kindheit belastet sie. Was auch immer passiert ist, es hält sie gefangen. Jeden Tag geben sie sich selbst das Gefühl, schwach, unsicher, wertlos, was auch immer zu sein ... Und wundern sich dann, dass sie nicht reich und glücklich werden.

In den Tiefen ihres Unterbewusstseins halten sie diese negative innere Realität lebendig. Die äußere Realität hat keine andere Wahl, als dieser negativen inneren zu folgen.
Die Momente, wenn solche tiefsitzenden Themen gelöst werden, gehören zu den großartigsten in meinem Job. Die Erleichterung in den Gesichtern der Menschen, häufig begleitet von Freudentränen. Unglaublich für jeden, der dabei ist.

Der NLP-Practitioner ist in dieser Beziehung ein unglaubliches Seminar. Ich kann Dir nur empfehlen, das Seminar, die Inhalte und alles, was dort passiert, einmal mitzuerleben. Doch auch auf dem „Der doppelte Millionär"-Event zum Buch wirst Du noch mehr zum Thema „Unterbewusstsein" erfahren.

Fürs Erste solltest Du verstehen: Die meisten Gedanken in uns laufen den ganzen Tag unbewusst an uns vorbei. Doch sie wirken sich aus, ob Du willst oder nicht! Sie sind real. Das hat das Zitronen-Beispiel gezeigt.

Nimm diese Erkenntnis mit und bewahre sie Dir gut auf. Denn sie ist der Anfang, Deine innere Realität für Dich zu nutzen. In den beiden nächsten Kapiteln werden wir uns nun der Frage widmen, wie die Macht der inneren Realität entsteht und wie weit sie geht.

Fazit: Unsere innere Realität ist genauso real wie unsere äußere Realität.

Challenge #1: 24 h innere Realität

Eine Reporterin fragte Arnold Schwarzenegger einmal, welche Wiederholung von 1 bis 10 die wichtigste sei. Er überlegte und sagte „die 11.“. Denn nur dann entsteht echtes Wachstum.

„Dieser Bereich des Schmerzes macht den Unterschied zwischen einem Champion und einem, der kein Champion ist, aus. Genau hier geben die meisten Menschen auf, anstatt den Willen aufzubringen, um ohne Wenn und Aber durch den Schmerz zu gehen.“

Und Arnold Schwarzenegger muss es wissen:

„Den meisten Personen fehlt es an Eiern, um zu sagen, dass man durch diesen Schmerz hindurchgeht, egal was passiert. Ich habe keine Angst, ohnmächtig zu werden. Ich mache Kniebeugen bis ich umfalle und bewusstlos werde. Und jetzt? Das wird mich nicht umbringen. Ich wache fünf Minuten später auf und alles ist ok. Viele andere Sportler haben Angst davor. Sie werden deshalb nicht bewusstlos. Sie machen nicht weiter.“

Bis zur Bewusstlosigkeit zu trainieren, ist nicht unser heutiges Ziel. Es geht vielmehr darum, was hinter dieser Botschaft steckt: der ultimative Wille, sein Ziel zu erreichen und dafür alles zu geben.

Wir haben gerade viel Neues über die innere und die äußere Realität erfahren. Um das Stiefkind, die innere Realität, müssen wir uns in dieser Challenge einmal besonders kümmern – es ein wenig umsorgen. Und fördern.

Erstelle bitte eine Liste mit all den Dingen, die Du in Deinem Leben haben möchtest. Notiere alles, was Dir einfällt. Gesundheit, Glück, Freunde, einen liebevollen Partner, Geld, Reisen, ein schönes Auto, ein großes Haus ... Deiner Fantasie sind keine Grenzen gesetzt. Nutze die Zeilen am Ende dieses Kapitels oder ein separates Blatt Papier, völlig egal.

Nun kommt der schwierigere Teil: Denke während der nächsten 24 h nur an die Dinge auf dieser Liste. Versuche, den ganzen Tag zu überstehen, ohne zu kritisieren, Dich zu beschweren, jemanden oder etwas zu verurteilen oder Dich über etwas zu ärgern.

So findest Du heraus, ob Du bereits die Willensstärke hast, Dein Ziel zu erreichen und an welchen Stellschrauben Du noch arbeiten darfst.

Hier ist Platz für Deine Liste:

2
Wie Biochemie Dein Glück und Dein Geld bestimmt

„Wenn das Leben Dir eine Zitrone gibt ... dann mach Limonade daraus."
- US-amerikanisches Sprichwort

Das Zitat ist nicht neu, Du hast es wahrscheinlich schon oft gehört. Doch es verbindet zwei Themen in sich, die wir genau jetzt besprechen wollen.

Denn: Erinnere Dich noch einmal an das Zitronen-Beispiel aus dem vorherigen Kapitel. Es hat Dir gezeigt, welche Wirkung Deine Gedanken auf Deinen Körper haben können. Genau darum soll es jetzt gehen.

Denn das Zitat sagt noch mehr. Es beschreibt nämlich, dass die Bewertung einer Situation in Deinen eigenen Händen liegt. Wenn das Leben Dir „sauer" wird – es also schlecht läuft – dann kannst Du noch immer etwas Positives daraus machen – zum Beispiel Limonade.

Jetzt wird es interessant: Wenn unsere Gedanken eine körperliche Auswirkung haben, haben positive Gedanken dann eine andere Auswirkung als negative?

Die einfache Antwort ist: Ja, das haben sie.
Sichtbar wird das an unseren Emotionen.

Emotionen sind eines der wichtigsten Bindeglieder zwischen unseren inneren Abläufen und äußeren Ereignissen. In Bruchteilen von Sekunden gleicht unser Unterbewusstsein alle gesammelten Datensätze mit einer vorliegenden Situation ab.

Das Ergebnis wird zu einer Emotion, die schließlich unser Verhalten steuert.

Wer Angst vor Hunden hat, wechselt die Straßenseite, sobald ein Hund in die Nähe kommt. Wer gelernt hat, dass Tiramisu gut schmeckt, wird eines bestellen, wenn es lecker aussieht. Wer einmal den Nervenkitzel lieben gelernt hat, wird mit Freude vor einem großen Publikum sprechen.

Wenn wir etwas denken, repräsentiert dieses Denken unsere innere Realität. Wir sehen Bilder, sprechen mit uns selbst, fühlen etwas. Mit diesem Denken bewerten wir ständig die Situationen, in denen wir uns befinden.

Entweder bewerten wir sie positiv, neutral oder negativ. Unser limbisches System nimmt dies wahr und reagiert unmittelbar auf unsere Gedanken. Die Informationen werden an den Hirnstamm weitergeleitet. Daraufhin werden in unserem Körper verschiedene Reaktionen ausgelöst.

Damit wird unser Körper zur Verbindung zwischen unserer inneren und der äußeren Realität. Und unser Handeln zum Medium, indem sich die Reaktionen in unserem Inneren ausdrücken.

Doch bevor wir tiefer in dieses Thema einsteigen, sollten wir uns anschauen, wie die Brücke zwischen innerer Realität und äußerer Realität in unserem Körper entsteht. Die wichtigste körperliche Komponente dabei heißt das „limbische System".

Die erste Erwähnung des limbischen Systems wird dem französischen Chirurgen und Anatom Pierre Paul Broca zugeschrieben, der es grob in der Nähe der Zirbeldrüse verortete.

1949 definierte der Physiologe Paul D. MacLean das limbische System schließlich so, wie wir es heute kennen. Es wird auch als unser emotionales Gehirn beschrieben.

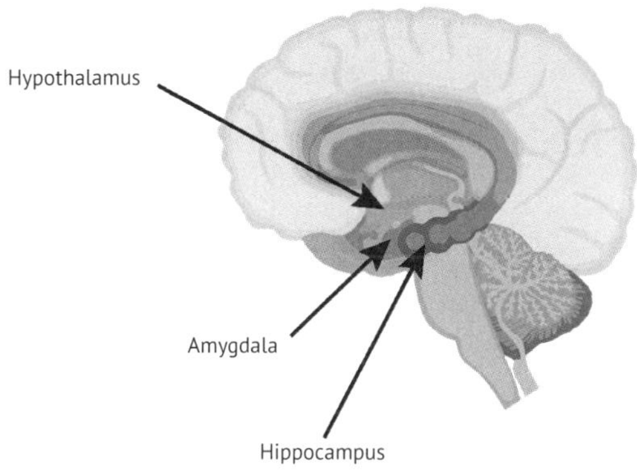

Das limbische System liegt zwischen der Großhirnrinde und dem Hirnstamm und besteht aus unzähligen miteinander verbundenen Strukturen. Der jetzige Kenntnisstand der Forschung nennt diese folgenden drei Teile des Gehirns u. a. diese Hauptstrukturen des limbischen Systems:

Hypothalamus

Lage: nahe dem Zentrum des Gehirns, unterhalb des Thalamus

Funktion: verantwortlich für unser vegetatives Nervensystem und unser endokrines System

Wichtig für: Überleben, organisiert die wichtigsten Verhaltensweisen (Kampf, Flucht, Nahrungsaufnahme und Fortpflanzung).

Hippocampus

Lage: im Temporallappen des Vorderhirns

Funktion: verantwortlich für unsere Identität

Wichtig für: emotionales Gedächtnis, Zugang zu allen Erinnerungen und Erfahrungen aus unserer Vergangenheit und den Emotionen, die wir dabei empfunden haben.

Amygdala

Lage: im Temporallappen, unterhalb des lateralen Ventrikels, Teil des „tiefen Gehirns"

Funktion: verantwortlich für Grundgefühle und Überlebensinstinkt

Wichtig für: Oberhaupt unserer Emotionen, führt Emotionen physiologisch und verhaltenstechnisch zueinander, um eine entsprechende Reaktion auszulösen, z. B. verbindet sie positive Emotionen mit bestimmten Aktivitäten (Freude mit Essen, Zufriedenheit mit Schlaf etc.)

Deine Gedanken, Deine Emotionen und Dein Verhalten werden also durch diese Bereiche und durch die Chemie der Hormone und Neurotransmitter gesteuert, aus der sie bestehen. Das bedeutet, dass jede bewusste oder unbewusste Aktion von Dir durch Endorphine, Serotonin, Dopamin oder andere chemische Substanzen, die Dein Körper produziert, gelenkt wird.

Das ist die biochemische Seite Deiner inneren Realität. Diese biochemische Seite ist sehr mächtig. Werden die entsprechenden Hormone einmal ausgeschüttet, hast Du Dein Verhalten nicht mehr bewusst im Griff.

Deutlich sieht man diese Tatsache an Verliebtheit oder unpassenden Adrenalin-Ausschüttungen. Wir Menschen tun in solchen Momenten die seltsamsten Dinge und wundern uns dann selbst darüber.

Doch es gibt einen Weg, wie Du das limbische System – diese Brücke zwischen Körper und Bewusstsein – aktiv für Dich nutzen kannst.

Denn die Aktivitäten des limbischen Systems hängen sehr stark davon ab, wie Du eine Situation bewertest. Diese Bewertung, nun ja, die hast Du eben doch ein Stück weit selbst in der Hand.

Ein Lebensereignis hat niemals – niemals, egal wie intensiv es für Dich war – eine objektive Bedeutung. Es hat nur die Bedeutung, die Du diesem Ereignis zuschreibst. Diese Zuschreibung entscheidet darüber, welche Emotionen Du damit verbindest. Damit entscheidet sie auch, welche Aktivitäten Dein limbisches System ergreifen wird.

Dieser Schritt klingt einfach. Doch er bedeutet nicht weniger als: Indem Du die Bewertung einer Lebenssituation bewusst steuerst, erschaffst Du einen Teil Deiner inneren Realität. Gib diese Macht nicht leichtfertig aus der Hand.

Bei Deinem Ziel, innerlichen und äußerlichen Reichtum zu erreichen, solltest Du also unbedingt auf Deine Gedanken, Deine innere Realität achten, denn sie beziehen automatisch auch Deine Biochemie mit ein.

Gerade bei Neuerungen in Deinem Leben – und der Weg zum doppelten Millionär ist eine solche Neuerung – solltest Du Dein limbisches System im Zaum halten.

Du solltest den Angst- und Flucht-Reflex des Hypothalamus ganz bewusst abschwächen, indem Du die neuen Ereignisse in Deinem Leben gezielt positiv bewertest. Sonst macht Dir der Schritt aus Deiner Komfortzone zu viel Angst und Du läufst davon.

Du solltest negative Erinnerungen und Erfahrungen Deines emotionalen Gedächtnisses aus dem Hippocampus aufarbeiten, damit Deine Vergangenheit nicht Deine Zukunft zerstört.

Du solltest in der Amygdala die richtigen Emotionen mit Deinen Handlungen verbinden, um Dir das Mindset zu schaffen, das Dir die richtigen Ergebnisse liefert.

Im nächsten Kapitel werden wir uns ansehen, wie genau das funktioniert.

Fazit: Nutze die Biochemie Deines Körpers, um Deine innere und äußere Realität für Dein großes Ziel vorzubereiten.

Schreibe jetzt eine Liste mit allen Themen, die dich hindern, Dein wahres Potenzial zu leben und inneren und äußeren Reichtum – also den doppelten Millionär – zu leben.

Challenge #2: Wenn das Leben Deinem Gehirn eine Zitrone gibt

Dein Gehirn kann also nicht unterscheiden, ob Du wirklich in eine Zitrone gebissen hast oder nur daran denkst. Nun gut, Zitronensaft ist prinzipiell etwas völlig Harmloses. Dein Körper beschränkt sich auf Speichelproduktion und Zusammenziehen der Mundwinkel.

Doch gehen wir mal dorthin, wo es ernst wird. Vielleicht kreisen Deine Gedanken immer wieder um ein Thema aus Deiner Vergangenheit. Unbewusst kommen die Bilder und Gefühle hoch, die Dich immer wieder daran erinnern, wie Du gescheitert bist.

Vielleicht als Kind, in der Schule bei den Bundesjugendspielen. Oder Deine Eltern haben Dir gesagt, dass Du etwas nicht kannst. Deine Eltern wollten Dich nur schützen, aber jetzt hast Du in Deinem Unterbewusstsein verankert, dass Du diese Sache nicht kannst.

Innerlich wiederholst Du immer wieder „Ich kann das nicht. Vielleicht bin ich nicht gut genug". Jetzt kommt natürlich Deine Biochemie dazu, d.h. Dein Körper reagiert auf Deine inneren Prozesse. Vielleicht bekommst Du feuchte Hände, wirst nervös oder bekommst sogar einen

Schweißausbruch.

Nun kannst du versuchen, Deinen Körper zu beruhigen. Vielleicht erzielst Du damit auch eine gewisse Wirkung. Doch dieses Schutzverhalten Deines Körpers wird sich Dein Leben lang wiederholen, wenn Du das tiefsitzende Thema dahinter nicht auflöst. Eher im Gegenteil: Je länger dieses Muster besteht und sich wiederholt, desto mehr verstärkt es sich.

Versagensangst oder die Angst vor etwas Neuem sind Reaktionen Deines Körpers, die auf Deiner negativen Erwartungshaltung basieren.

Was also kannst Du an dieser Stelle tun?

1. Bewusst werden

Mache Dir bewusst, welche Gedanken Dein Angstgefühl und die daraus resultierenden körperlichen Reaktionen auslösen.

Sage Dir dann ganz ruhig:
„Ich erschaffe meine Angst durch meine Gedanken selbst und nur ich selbst kann sie durch meine Gedanken wieder beseitigen. Ich bin ruhig und fokussiert."

2. Erwarten

Was Du kennst, musst Du nicht fürchten. Erwarte daher ruhig, dass Angstgefühle auftauchen, wenn Du in einer stressigen Situation bist.

Sage Dir dann ganz ruhig:
„Ich weiß, dass meine Angst jetzt kommt. Ich weiß, dass mein Körper darauf reagieren wird. Er reagiert, weil ich bisher immer gedacht habe, dass diese Situation schlimm ist und ich Angst davor haben muss. Meine Körperreaktion ist das Ergebnis meiner Gedanken. Doch sie wird nicht bleiben. Sie wird vorübergehen. Ich schaffe es, ich ertrage es. Es wird nicht angenehm, doch ich halte es aus, bis die Situation vorbei ist. Ich bin ruhig und fokussiert."

3. Bauchatmung

Bei dieser Übung nutzen wir den Mechanismus, dass Dein Gehirn nicht zwischen „wirklich etwas tun“ und „sich vorstellen, etwas zu tun“ unterscheiden kann, diesmal gezielt für Dich. Dafür brauchen wir einen Zustand vollkommener Entspannung. Deinen Schlaf. Oder besser gesagt, die Vorstellung, dass Du schläfst.

Mit der Bauchatmung überlisten wir Dein Gehirn. Du atmest, als würdest Du tief und fest schlafen – und Deinem Körper wird vermittelt, dass Du tatsächlich schläfst. Deine Muskeln entspannen sich, Dein Puls wird langsamer, Dein Stress lässt nach.
So funktioniert es:
Lege Deine Handfläche auf den Bereich Deines Magens. Atme tief durch die Nase ein und stelle dir vor, wie der Atem langsam bis hinunter in Deinen Bauch zu Deiner Hand fließt. Fühle, wie Deine Hand sich hebt. Lass Deine Hand mit sanftem Druck ein wenig auf Deinem Bauch kreisen. Atme, ohne die Luft anzuhalten, langsam wieder aus und stelle Dir vor, wie der Atem wieder aus dem Bauch über Nase und Mund nach außen weicht.
Atme etwa eine Minute auf diese Weise ein und wieder aus.

Während Du ausatmest, denke intensiv die Worte „Ich bin ganz ruhig und fokussiert.“

Übe die Bauchatmung am besten täglich, damit Du sie in Stresssituationen schnell abrufen kannst.

3
Gleich und Gleich gesellt sich leider gern

„Wir können nicht alles in unserem Leben beeinflussen. Wir würden gerne. Doch manches liegt einfach außerhalb unseres Wirkungskreises."
- Marc Galal

Der Weg zum doppelten Millionär ist gespickt mit harten Erkenntnissen. Auch jetzt wartet bereits eine auf Dich.

Du hast im letzten Kapitel gelernt, dass Du durch Deine innere Realität enorm viel Macht besitzt. Jetzt muss ich Dir gestehen, dass auch diese Macht begrenzt ist.

Das Anfangszitat ist in meinem Kopf untrennbar mit dem Schicksal eines Seminar-Teilnehmers verknüpft. Immer wenn ich daran denke, dass ich nicht auf alles in meinem Leben Einfluss habe, muss ich automatisch an ihn denken. Nennen wir ihn Max.

Max hatte EIN Ziel im Leben: Er wollte unbedingt bei diesem einen Unternehmen arbeiten. Sein Traum-Job, seine Traum-Firma. Er gab alles, um diesen Traum wahr zu machen.

Er machte eine spezielle Ausbildung. Er eignete sich besondere Qualifikationen an. Er zog in die Stadt, in der das Unternehmen seinen Hauptsitz hatte. Er bewarb sich mehrfach, da es in den ersten Anläufen nicht klappte.

Schließlich wurde Max zum Bewerbungsgespräch eingeladen und genommen.

Er hatte es geschafft. Endlich saß er an seinem Schreibtisch bei seinem Traum-Arbeitgeber. Max war glücklich.

Doch dann kam es zu Auftragsrückgängen, Misswirtschaft, das volle Paket. Das Unternehmen ging insolvent. Last in, first out – Max wurde gekündigt.

Das Märchen endete schneller, als es begonnen hatte. Max saß auf der Straße. Von diesem Schicksalsschlag erholte er sich sehr lange nicht. Denn er hatte ja alles gegeben. Es lag am Ende nur nicht mehr in seiner Hand.

Und das ist das Vertrackte an unserem Leben. Wir können uns noch so gut vorbereiten. Wir können jede Eventualität bedenken. Doch gewisse Ereignisse spielen sich in unserer äußeren Realität ab und sind damit außerhalb unserer Reichweite. Unserem Einfluss sind leider Grenzen gesetzt.

Doch wir sind nicht vollkommen ausgeliefert. Autounfälle, Jobverluste, Schicksalsschläge – das passiert. Aber wir haben noch einen Trumpf in der Hand.

Wir entscheiden nämlich, welche Bedeutung wir einem Ereignis geben. Warum das wichtig ist, hast Du bereits im vorherigen Kapitel erfahren.

Nehmen wir das Beispiel von Max: „Ich habe meinen Job verloren."

Max hat nach seiner Kündigung nicht nur den ersehnten Job, sondern auch den Boden unter den Füßen verloren. In seinem Kopf kreisten immer wieder dieselben Sätze: Ich habe meinen Job verloren. Ich bin ein Loser. So etwas passiert immer mir. Ich erreiche nichts, auch wenn ich es noch so hart versuche.

Es hat ein paar Seminartage beim NLP-Practitioner gedauert, bis diese Sätze und das dahinterliegende Denken geändert werden konnten. Mit einem Coaching konnte ein Erlebnis, das Max mit sieben Jahren hatte, gefunden und aufgearbeitet werden.

Dieses Erlebnis war der Grund dafür, dass er sich immer so klein machte, klein dachte und dazu neigte, sich selbst herabzusetzen, wenn etwas schiefging. In seinem Unterbewussten war ein Mangel an Selbstwert gespeichert.

Nachdem dieses Thema in einem Coaching-Prozess gelöst wurde, konnte er wieder anfangen groß zu denken und sein Selbstwertgefühl wieder aufbauen. Denn statt dem Ganzen eine negative Bedeutung zu geben, sah Max auf einmal eine Chance in der Veränderung:

Ich habe meinen Job verloren. Jetzt mache ich mich mit meinem Wissen selbstständig und verfolge mein eigenes Herzensbusiness.

Er hat dem Ereignis eine vollkommen neue Bedeutung gegeben. Eines ist dabei ganz wichtig: Er hat das Scheitern nicht auf sich bezogen. Er hat gute Arbeit geleistet. Er hat alles gegeben. Das Ereignis lag nur außerhalb seines Einflussbereichs.

Die gute Nachricht ist also, dass wir Menschen die Dinge, die außerhalb unseres Einflussrahmens liegen, nicht beeinflussen können – wir aber nicht wie das Kaninchen vor der Schlange geduldig auf unser schmerzhaftes Ende warten müssen. Es liegt in unserer Hand, welche Bedeutung wir einem Ereignis geben.

Doch unser Leben wäre nicht unser Leben, wenn sich nicht auch hier ein kleiner Fallstrick versteckt hätte. Wir müssen natürlich diese Bedeutung ganz bewusst positiv wählen.

Tun wir dies nicht und interpretieren ein Ereignis permanent negativ, fallen wir auch an diesem Punkt in die Negativ-Spirale. Dann hätten wir auch gleich dabei bleiben können, dass wir nichts erreichen, egal wie hart wir es versuchen.

Bei einer Negativ-Spirale sind vor allem unsere alten negativen (oder positiven) Konditionierungen entscheidend. Wenn wir viele negative Konditionierungen haben, geht die Gedankenspirale in vielen Bereichen unseres Lebens permanent abwärts.

Durch die Veränderung unserer Vergangenheit und die Auflösung der alten Emotionen wird die Gedankenspirale positiv und dreht sich sozusagen nach oben. In allen Bereichen in unserem Leben verändert sich etwas. Wir beginnen, unseren inneren Reichtum anzuhäufen.

Problematisch wird es, wenn wir unser gesamtes Leben nur diese eine Art der Ereignis-Interpretation vorgelebt und eingetrichtert bekommen haben. Bereits in unserer Kindheit wird der Grundstein dafür gelegt. Erlebnisse werden abgespeichert. Probleme werden abgespeichert. Dabei sollten sie nicht das Thema sein, sondern ihre von uns gegebene Bedeutung. Diese sollte abgespeichert werden.

Stattdessen finden wir negative Erfahrungen und negative Interpretationen dazu in unserem Unterbewusstsein wieder. Diese werden zu immer wiederkehrenden Gedanken.

Diese immer gleichen Gedanken sorgen für gleiche Entscheidungen in Deinem Leben.

Diese Entscheidungen sorgen wiederum für gleiche Verhaltensweise in Deinem Alltag.

Diese Verhaltensweisen sorgen für gleiche Erfahrungen.

Gleiche Erfahrungen sorgen für immer gleiche Emotionen.

Und diese werden schließlich zu einem Muster.

Zu einem Emotionsmuster, das Dein Leben bestimmt und Deine Glaubenssätze und Konditionierungen hervorbringt. Was das genau für Dich bedeutet, betrachten wir in den folgenden Kapiteln.

Fazit: Gib den Ereignissen positive Bedeutungen, um positive Gedanken, Entscheidungen, Verhaltensweisen, Erfahrungen und Emotionsmuster zu erschaffen.

Challenge #3: Bedeutung switchen

Jeder von uns hat in seinem Leben bereits etwas erlebt, das Spuren hinterlassen hat. Jeder trägt sein Päckchen. Manche große, manche kleine. Manche bräuchten ein ganzes Umzugsunternehmen, um es besser stemmen zu können.

Ich möchte, dass Du Dich an drei solcher Ereignisse aus Deiner Vergangenheit erinnerst. Ja, es kann schmerzhaft sein, doch wir müssen durch diesen Schmerz hindurch. Du bist nicht allein. Ich gehe mit Dir.

Notiere Dir hier bitte diese drei Ereignisse und schreibe dazu, welche Bedeutung Du ihnen damals gegeben hast.

Denke im nächsten Schritt an das, was wir in diesem Kapitel gelernt haben und gebe Deinen Ereignissen drei neue, positive Bedeutungen.

Was kannst Du Gutes aus ihnen ziehen?

Welche Auswirkungen hätte es haben können, wenn Du sie damals positiv interpretiert hättest?

1. Ereignis

Meine damalige Bedeutung, die ich dem Ereignis gegeben habe

Wie könnte ich diese Situation noch sehen? Was könnte ich an dieser Situation positiv sehen? Was lerne ich daraus?

2. Ereignis

Meine damalige Bedeutung, die ich dem Ereignis gegeben habe

Wie könnte ich diese Situation noch sehen? Was könnte ich an dieser Situation positiv sehen? Was lerne ich daraus?

3. Ereignis

Meine damalige Bedeutung, die ich dem Ereignis gegeben habe

Wie könnte ich diese Situation noch sehen? Was könnte ich an dieser Situation positiv sehen? Was lerne ich daraus?

4

Der Morgen, an dem sich alles verändert

„Unsere Glaubenssätze bestimmen unsere Emotionen. Und unsere Emotionen bestimmen unsere Handlungen.“
- Marc Galal

Es ist ein wunderschöner Morgen. Die Sonne geht langsam über den Baumwipfeln auf. Das zarte Gezwitscher der Finken und Stare vor Deinem Fenster lässt Dich aus einem traumhaften Schlaf erwachen.

Du wachst auf und denkst an den Traum der vergangenen Nacht.

Doch an diesem Morgen ist etwas anders. Anstatt deine Wünsche herbeizusehnen, fokussierst Du all Deine Gedanken auf Deine Ziele, und wie Du sie realisieren und umsetzen kannst. Keine Selbstzweifel. Keine Angst vor Rückschlägen. Keine kleine Stimme, die Dir ins Ohr flüstert: „Sowas klappt doch nicht...“

Stattdessen ist da nur ein unbändiger Wille. Eine Entschlossenheit, endlich Deinen Traum zu leben. Deine Idee umzusetzen.

Während Du unter der Dusche stehst, kommen nicht diese Erinnerungen an früher, die Dich an Deine Fehlschläge erinnern. Stattdessen sind alle Deine Gedanken nach vorne gerichtet – der Plan für den Tag, die Woche, worauf könnte man sich die nächsten Tage freuen?

Jedem leisen Selbstzweifel setzt Du fast schon automatisch eine etwas lautere Selbstmotivation entgegen. Dieser Optimismus ist echt. Er ist nicht das Ergebnis irgendwelcher Gedankentricks, vielmehr läuft er fast unbewusst ab.

Jetzt stell Dir vor, diesen Morgen gäbe es wirklich. Stell Dir vor, dass er sehr bald so verlaufen wird. Wie wäre das? Wie würde es sich für Dich anfühlen? Tauche hinein in diesen Gedanken. Die Morgensonne scheint warm auf Dein Gesicht. Die Vögel zwitschern. Du bist bereit, frei zu leben und Deinen Traum anzugehen.

Was denkst Du, wenn Du das hörst? Hältst Du das in Deinem Leben für realistisch?

Diesen Morgen möchten wir jetzt nämlich in die Realität umsetzen. Dazu benötigen wir etwas sehr Wichtiges: Über Emotionsmuster haben wir bereits gesprochen. Ein wichtiger neuer Begriff, der ganz entscheidend für Deine Emotionsmuster ist, ist der Begriff des Glaubenssatzes.

Glaubenssätze sind Überzeugungen, die wir über uns selbst, andere und die Welt haben. Sie haben großen Einfluss auf unsere Emotionen, unser Verhalten, auf unsere Herangehensweise bei emotionalen Herausforderungen und auf unseren Umgang mit anderen Menschen.

Ein Glaubenssatz entsteht, wenn Du in Deiner inneren Realität etwas als zutreffend angenommen hast. „Alle Männer sind Schweine", „Frauen kann man nicht vertrauen", „Geld verdirbt den Charakter", „Wer flüstert, der lügt" usw. Sie sind der Ausdruck Deiner emotionalen Erfahrungen und Konditionierungen.

In allen Deinen Aussagen über die äußere Welt sind Glaubenssätze enthalten. Dabei ist es unwichtig, ob diese Glaubenssätze tatsächlich zutreffen. In Deiner eigenen Welt tun sie das sicher.

Glaubenssätze sind ein wichtiger Teil unseres Lebens und beeinflussen unsere Sicht auf die Welt.

Ein negativer Glaubenssatz hat meist wahrgenommene Konsequenzen, wie Unzufriedenheit, Schuldgefühle oder ein Gefühl der Unzulänglichkeit.

Positive Glaubenssätze hingegen können helfen, erfolgreich zu werden, Aufgaben zu meistern und Glück und Zufriedenheit zu erreichen. Sie stärken uns, geben uns den Mut, Neues auszuprobieren und helfen uns bei Herausforderungen.

Glaubenssätze spiegeln tiefsitzende Überzeugungen wider, die auf dem Weg des persönlichen Wachstums und der Entdeckung der eigenen Identität gewonnen wurden. Sie sind so tief, weil sie erfolgreich konditioniert wurden. Meistens schon seit unserer Kindheit.

Unsere Eltern, unsere Familie und unser nahes Umfeld – von allen Personen, die uns in unserer Kindheit begleitet haben, haben wir Glaubenssätze gelernt und übernommen. Diese übertragen wir jetzt auf uns und unseren Alltag.

Egal, ob Du die Vorstellung des perfekten Morgens für realistisch gehalten hast oder nicht – Deine Einschätzung basiert auf einem Glaubenssatz. Entweder auf dem Glaubenssatz, der Dich bisher daran gehindert hat, diesen Morgen zu erleben oder dem Glaubenssatz, der Dich darin bestärkt hat, dass Du genau so leben wirst oder schon lebst.

Ob wir wollen oder nicht, Glaubenssätze werden häufig zu Hindernissen. Sie entscheiden darüber, was wir für möglich halten und was nicht. Was wir uns zutrauen und was nicht. Sichtbar werden vor allem die negativen Glaubenssätze, da sie uns in unserem Handeln einschränken. Ich nenne sie die „limitierenden Glaubenssätze".

Die bekanntesten sind:

- Ich bin zu dumm.
- Ich bin nicht gut genug.
- Ich bin es nicht wert, X zu erreichen.
- Ich bin es nicht wert, geliebt zu werden.
- Ich bin zu jung, um reich/erfolgreich zu sein.
- Ich bin zu alt, um noch etwas Neues anzufangen.
- Geld verdirbt den Charakter.
- Reiche Menschen sind einsam und unglücklich.
- Reich zu werden ist viel zu schwer.
- Als Frau ist es schwierig, erfolgreich zu sein.
- Bei Geld hört die Freundschaft auf.

Hast Du einen oder vielleicht mehrere dieser Sätze schon einmal gehört? Wurden sie vielleicht in Deiner Kindheit zu Dir gesagt, oder Du hast sie in Deinem Umfeld aufgeschnappt?

Glaubenssätze können auf drei Arten entstehen:

1. **Mündliche Konditionierung**
   Wichtige Personen in Deinem Leben wiederholen z. B. immer wieder: „Du bist dumm. Du bist zu klein. Du kannst das nicht." Wenn Du diese Sätze, gerade als kleines Kind, immer wieder gehört hast, bist Du irgendwann selbst davon überzeugt, dass Du nichts erreichen kannst.

2. **Erlebnisse**
   Negative Referenzerlebnisse wie z. B. die Scheidung der Eltern oder eine schwere Krankheit einer nahestehenden Person haben längere Abschnitte Deiner Kindheit und Jugend geprägt. Sie bringen viele negative Situationen mit sich, die Deine Glaubenssätze füttern und immer stärker werden lassen.

3. **Nachahmung**
   Durch die Nachahmung unserer Eltern lernen wir nicht nur Greifen, Laufen oder Sprechen. Wir nehmen auch unbewusst während unseres Lernprozesses die Glaubenssätze unserer Eltern an, ohne dass sie uns diese bewusst erklären. Wir ahmen als Kind einfach nur nach. Nur durch das Sehen und Erleben übernehmen wir ihre Glaubenssätze und machen so genau das Gleiche, was Mama und Papa gemacht haben.

Haben Deine Eltern z. B. immer schlecht über Geld geredet, hast Du als Kind wahrscheinlich unterbewusst den Glaubenssatz verankert, dass reich sein etwas Negatives ist. Diese tiefsitzende, unbewusste Überzeugung zieht sich durch Dein gesamtes Leben und beeinflusst Deinen Umgang mit Geld. Der Weg zu einem finanziell freien Leben bleibt verwehrt, da unterbewusst immer dagegen gearbeitet wird. Egal, was Du auch tust.

Denn nach 25 Jahren Berufserfahrung und mit mehr als 2,7 Millionen Menschen, denen ich mit meinen Strategien geholfen habe, kann ich Dir eines verraten: Du kannst noch so diszipliniert und ehrgeizig in Deinem Leben sein. Du kannst hundert Stunden in der Woche arbeiten. Du kannst monatlich fünfstellig verdienen.

Doch wenn Du negative Glaubenssätze und Konditionierungen zum Thema „Geld, Erfolg und Liebe" aus Deiner Vergangenheit hast, werden Deine unbewussten Programme, Deine tiefsitzenden Überzeugungen immer siegen. Deine Konditionierungen werden stets Dein Verhalten, Deine Entscheidungen, Erfahrungen und Emotionen beeinflussen und verhindern, dass Du das erreichst, was Du Dir im Leben wirklich wünschst.

Ich erinnere mich an eine Seminarteilnehmerin. Sie war Mitte fünfzig und seit über zwanzig Jahren Immobilienmaklerin. Sie erzählte mir, dass sie seit Jahren 10.000 bis 15.000 € monatlich verdiene, doch bis heute kein Vermögen aufbauen konnte. Kein Erspartes, keine Rücklagen. Sobald sie Geld einnahm, rann es ihr auch schon wieder durch die Finger.

Sie holte sich jeden Morgen im Kiosk bei ihr um die Ecke einen Kaffee und plauderte gerne ein paar Worte mit dem Besitzer. Es war ein kleiner Kiosk. Mehr eine Bude. Über die Jahre hatte sich ein guter Kontakt zwischen ihr und dem Besitzer entwickelt und er berichtete ihr eines Morgens, dass er sich die dritte Immobilie gekauft habe. Obwohl er nur ein Viertel von dem verdiente, was sie verdiente.

„Wie kann das sein, dass ich so gut verdiene und doch nichts habe?", fragte sie sich. Woran lag es, dass sie sich finanziell nichts aufbauen konnte? Sie suchte Rat bei mir und wir begannen in einem Einzelcoaching der Sache auf den Grund zu gehen. Denn in solchen Fällen hilft nur der Blick ganz tief hinein und weit zurück.

Während eines NLP-Prozesses entdeckten wir alte, unverarbeitete Themen und Emotionen aus ihrer Vergangenheit. Diese Themen beeinflussten sie bis heute. Auslöser war ein traumatisches Erlebnis in ihrer Jugend. Sie hatte noch nie jemandem davon erzählt, sondern immer alles in sich reingefressen. Sie fühlte sich seit diesem Moment klein, schlecht, ungeliebt.

Wir arbeiteten lange an diesem Thema. Sie setzte sich mit allen Aspekten auseinander, die sie so lange in sich vergraben hatte. Schließlich konnte sie verzeihen. Ihm. Und sich.

Nachdem wir diese tiefsitzenden, alten Emotionen und negativen Konditionierungen gelöst hatten, ging es bei ihr bergauf. Alles veränderte sich. Sie hatte zum ersten Mal in ihrem Leben das Gefühl, etwas wert zu sein. Das Gefühl, dass sie gut genug ist. Das Gefühl, etwas Besonderes zu sein.

All diese positiven Emotionen manifestierten sich in ihrem Unterbewusstsein. Ihre innere Welt wurde aufgeräumt. Ab sofort war dort genug Platz frei für neue Überzeugungen. Und was soll ich sagen? Nicht mal sechs Monate später hat sie sich ihre erste eigene Immobilie gekauft und mit dem Kioskbesitzer darauf angestoßen.

Fazit: Erst, wenn Du Deine negativen Glaubenssätze aus der Vergangenheit löst, hast Du Platz, um neue positive zu schaffen, die Dich Deinem Ziel näherbringen.

Quelle: Unsplash/Slim Emcee

Challenge #4: Fokus, Baby

Die Arbeit mit Glaubenssätzen ist eine umfangreiche. Eine tiefgehende, die ich nicht in ein paar Buchseiten mit Dir durchgehen kann. Das würde den Rahmen sprengen und nicht effektiv verlaufen.

Doch da Dich dieses Thema interessiert und Dich neugierig gemacht hat, möchte ich den Anfang mit Dir auf den folgenden Seiten machen.

Wenn Du tiefer in die Materie eintauchen möchtest - so richtig tief - dann empfehle ich Dir den Besuch des Seminars "Der doppelte Millionär".

Alle Informationen erhältst Du hier:

www.marcgalal.com/doppelter-millionaer

Kennst Du dieses Bild der alten Dame mit Hexennase und langem Kinn, das sich in ein schönes junges Mädchen wandelt, je nachdem, welchen Blickwinkel man einnimmt?

Die ursprüngliche Zeichnung stammt von dem amerikanischen Cartoonisten William Ely Hill. Diese Art optischer Täuschung bezeichnet man auch als „Kippfiguren“ oder „Vexierbild“.

Die visuelle Information ist nicht eindeutig und das Bild lässt zwei Sichtweisen zu. Hat man beide Motive erkannt, kann man (optisch) zwischen ihnen hin- und herschalten – je nachdem, worauf man sich fokussiert.

Sich fokussieren zu können, ist ein wichtiger Schlüssel zum Erfolg. Immer wieder findet man in Artikeln und Büchern den Rat, sich auf das Wesentliche zu fokussieren und sich bewusst auf das zu konzentrieren, was einem als wichtig erscheint.

Doch Fokussieren bedeutet mehr als pure Konzentration. Fokussierung ist die zielgerichtete und willentliche Ausrichtung auf ein bewusst gesetztes Ziel. Wer sich fokussiert, arbeitet hartnäckig und ausdauernd mit all seiner Energie und Leidenschaft am Erreichen seines Ziels.

Das bedeutet jetzt nicht, dass Du mit Scheuklappen durch Dein Leben laufen sollst und alles ignorierst, was nicht zur Erreichung Deines

Ziels beiträgt. Da unser Leben selten genau nach Plan verläuft, musst Du auch mal improvisieren und Deinen Plan an manchen Stellen anpassen können.
Fokussiert zu sein bedeutet in diesem Zusammenhang, dass Du Dich nicht von anderen Dingen ablenken oder entmutigen lassen sollst. Vor allem nicht von Deinen negativen Glaubenssätzen.

„Viele meinen, fokussieren bedeutet, Ja zu sagen zu den Dingen, auf die man sich konzentriert. Doch dem ist nicht so. Es bedeutet, Nein zu sagen zu hundert anderen guten Ideen, die es gibt. Ich bin genauso stolz auf die Dinge, die wir nicht gemacht haben, wie auf die Dinge, die wir gemacht haben."

- Steve Jobs

Einer der Hauptgründe, warum viele Menschen nicht so erfolgreich sind, wie sie es gerne wären: Sie verzetteln sich. Sie springen von Gedanke zu Gedanke und lassen sich durch ihre innere Stimme und ihre tief sitzenden Überzeugungen von ihren Plänen abbringen.

Wenn Du Dir ein Ziel setzt, es bewusst fokussierst und mit den Gedanken immer dabei bist – ohne Dich von Deinen negativen Glaubenssätzen ablenken zu lassen – wirst Du wirklich erfolgreich werden. Die Fokussierung Deiner Gedanken steuert dann Deine Emotionen und damit auch Dein Verhalten.

Drei Erkenntnisse der Fokussierung:

1. Wohin ich meine Gedanken lenke, dahin gehe ich auch.

2. Wenn wir uns auf Dinge fokussieren, die schlecht sind oder die wir nicht haben wollen, dann bewegen wir uns dorthin.

3. Das, worauf wir uns fokussieren, wächst. Das, was wir beachten, wird gestärkt und das, was wir nicht beachten, wird abgeschwächt.

Das, worauf wir uns fokussieren, wächst. Konzentrierst Du Dich auf das Positive in Deinem Leben, wird Dein Leben positiver.

Fokussierung ist ein mächtiges, energiegeladenes Werkzeug, das Du, für den richtigen Zweck eingesetzt, unendlich nutzen kannst. Du musst es nur in die richtigen Bahnen lenken.

Wir steuern unseren Fokus vor allem durch Fragen. Daher möchte ich, dass Du für die folgenden fünf Fragen tief in Dich gehst. Der Sinn dieser Fragen ist, herauszufinden, worauf Deine negativen Glaubenssätze aufbauen. Worauf fokussierst Du Dich?

Wir möchten erst einmal ein paar Stichworte sammeln, mit denen wir dann in weiteren Schritten (vielleicht in einem Seminar, während einer Trance oder Ähnlichem) arbeiten können.

Lass uns den ersten Schritt in der Glaubenssatzarbeit gehen. Notiere Dir hier Deine Antworten:

1. **Was gelingt mir nicht?**

____

____

____

____

2. **Was sind meine Schwächen?**

____

____

____

____

3. **Was gelingt mir sehr gut?**

4. **Welche Stärken habe ich?**

5. **Wofür bin ich in meinem Leben dankbar?**

5
„Wenn der Hahn kräht auf dem Mist ...“

„Freiheit heißt Verantwortung. Deshalb wird sie von den meisten Menschen gefürchtet.“
- George Bernhard Shaw

Verantwortung für das eigene Leben übernehmen – das ist schwer. Das sage ich nicht nur, um Dir irgendwie Mut zu machen und George Bernhard Shaw zuzustimmen. Sondern weil es Gründe dafür gibt.

Wir alle haben einen Bekannten oder eine Freundin, der/die sich ständig neu verliebt. Immer wieder flammen die Gefühle auf, immer wieder ist die Liebe groß. „Dieses Mal ist sie die Richtige.“

Doch was passiert? Nach vier verliebten Monaten beginnt das neue Jammertal. Nicht selten fällt dann der Satz: „Das ist genau wie mit [Name einer früheren Partnerin]. Irgendwie finde ich immer nur die völlig verrückten/eifersüchtigen/zickigen Frauen.“ Mit diesem Satz naht das Ende. Die Richtige ist doch die Falsche, die „Liebe“ erlischt. Das Spiel, die neue Suche, beginnt von vorne. Wie fällt das Ergebnis wohl das nächste Mal aus?

Dieses Beispiel hat auf den ersten Blick wenig mit Business zu tun. Auf den zweiten sehr viel. Denn es geht um das Prinzip dahinter.

Wer bei der Partnerwahl so spricht, hat die Verantwortung für das eigene Leben noch nicht zu 100 % übernommen. Denn er oder sie hat nicht verstanden: Vielleicht finden diese schwierigen Männer oder zickigen Frauen nicht „Dich“ – vielleicht suchst Du nach ihnen?

Wir haben es bereits gehört: Unser Unbewusstes ist sehr, sehr mächtig. Wir Menschen lieben Gewohnheiten. Auch unbewusst. Wenn Du Dich unbewusst bei schwierigen Partnern zu Hause fühlst, dann tja ... wirst Du Dein gesamtes Leben lang schwierige Partner bekommen.

Vielleicht waren es Deine Eltern, die schwierig für Dich waren. Vielleicht eine erste Beziehung. Vielleicht hast Du die auslösende Erfahrung früh gemacht, vielleicht erst sehr spät. Doch offenbar hat Deine Seele einen Narren daran gefressen und versucht, diese Situation immer wieder herzustellen.

Leider gilt das für alle Partnerschaften in Deinem Leben. Du gerätst immer wieder an unseriöse Geschäftspartner? Windige Berater? Du zahlst mehr Lehrgeld als Du müsstest? „Warum passiert sowas immer nur mir?!" ist eine Frage, auf die es leider tatsächlich eine Antwort gibt.

Es ist Deine Aufgabe, diese Antwort zu finden. Egal, wie hart sie für Dich sein mag. Auf meinen Seminaren kommt es an dieser Stelle oft zu sehr, sehr langen Gesichtern oder sogar Tränen, wenn Menschen die Antwort auf ihre Frage plötzlich vor sich sehen. Doch es gibt nur diesen Weg.

Hast Du die Antwort gefunden, beginnt der nächste Schritt. Du machst Dich auf, die emotionale Erfahrung in Deinem Unbewussten von der heimeligen Wohlfühl-Emotion zu trennen. Doch dazu gleich mehr. DAS ist ECHTE Verantwortung: Raus in die Welt, verletzbar und mutig.

Zuerst möchte ich, dass Du verstehst: Echte Verantwortung zu übernehmen, ist nicht einfach. Echte Verantwortung beinhaltet auch Situationen oder Umstände, die durch andere Menschen in Deinem Leben verursacht werden. Auch dafür hast Du eine Verantwortung. Dir selbst und Deinem Ziel gegenüber.

Ich wünschte, ich könnte Dir diese Wahrheiten ersparen. Aber da musst du durch. Der Weg zu Erfolg und Reichtum führt über Deine innere Realität – das heißt auch, dass Du beginnst, Verantwortung für die Dinge zu übernehmen, die Du anziehst.

Die Arbeit an Deinen Glaubenssätzen ist nicht nur etwas für Dein Wohlbefinden. Sie ist enorm wichtig, damit Du auch die Ereignisse und Menschen in Dein Leben ziehst, die Du brauchst. Lass Dein Unterbewusstsein nicht einfach schalten und walten. Es wird Dir sonst immer und immer wieder die gleiche Erfahrung präsentieren.

Was in Dir ist, bestimmt Dein Außen. Dieses Wissen ist bereits Jahrtausende alt. Im nächsten Kapitel erkläre ich Dir mehr dazu.

Jetzt nur so viel: „Wenn der Hahn kräht auf dem Mist, ändert sich das Wetter oder es bleibt wie es ist" ist das geheime Motto der Menschen, die keine Verantwortung übernehmen.

Die anderen hingegen, die JA! zu ihrer Verantwortung für sich selbst und ihr Leben sagen, nehmen den verdammten Hahn und stellen ihn dorthin, wo er zuverlässige Ergebnisse liefert. Wenn es diesen Ort nicht gibt, dann kommt er in die Suppe oder auf den Grill.

Mit der Glaubenssatzarbeit kannst Du die negativen Einflüsse in Deinem Inneren loswerden. Nutze sie, um Dir selbst der beste Komplize zu werden. Es ist Deine Pflicht. Du hast die Verantwortung für Dein Leben. Das heißt, auch für Deine tiefsitzenden negativen Glaubenssätze, die Dich unbewusst steuern.

Ab heute kennst Du die Auswirkungen und Du hast verstanden, wie Glaubenssätze entstehen und in Deiner Vergangenheit entstanden sind. Darum hast Du die Verantwortung, Dein Leben zu verändern und Deine Glaubenssätze zu transformieren, um Deine innere Realität aufzuräumen und innerlich reich zu werden.

Ein anderer Bereich, den Du mit der gleichen Entschlossenheit ergreifen solltest, ist Deine Lebensgestaltung. Ich spare mir hier jetzt lange Reden über Selbstorganisation. Infos dazu bekommst Du in meinen Seminaren.

Doch eine Sache ist wichtig: Gewohnheiten sind der Schlüssel zum Erfolg.

Eine amerikanische Studie unter 600 Millionären (durchgeführt von Sarah Stanley Fallaw, Affluent Market Institute) ergab, dass sie alle überdurchschnittlich viel Zeit mit Lesen und Sport verbringen. Überdurchschnittlich bedeutet hierbei jeweils mehr als zwei Stunden pro Woche.

Der bekannte Microsoft-Gründer Bill Gates, der bekanntlich jeden Tag mindestens eine Stunde zu seiner Weiterbildung liest, kommt damit jede Woche auf ein Vielfaches dieser Zeit.

Facebook-Gründer Mark Zuckerberg trainiert dreimal pro Woche im Fitness-Studio.

Amazon-Gründer Jeff Bezos – wie viele andere erfolgreiche Menschen – achtet penibel auf seinen Schlaf. Bezos schläft jede Nacht mindestens acht Stunden.

Die Beispiele sind im Internet leicht zu finden. In der Übung zu diesem Kapitel habe ich Dir selbst einige hinzugefügt. Dir sollte nur unbedingt klar geworden sein: Erfolgreiche Menschen übernehmen die Kontrolle über ihre Gewohnheiten. Über ihre Gesundheit, ihr Lese-Pensum, ihren Schlaf. Sie kontrollieren bewusst ihr Leistungsvermögen und überlassen auch hier nichts dem Zufall.

Ziel dabei ist – wie auch bei der Arbeit mit Glaubenssätzen – all das über Bord zu werfen, was nur Ballast ist. Beibehalten wird, was Dich nach vorne bringt.

Das Ergebnis ist eine innere Energie, mit der Du das ganze Universum auf Deine Seite ziehst. Doch dazu mehr im nächsten Kapitel.

Fazit: Übernimm die Verantwortung für Dein gesamtes Leben – so wirst Du los, was gegen Dich arbeitet.

Challenge #5: Kill den Hahn

Ich meine das ganz ehrlich in diesem Kapitel. Wenn der Hahn nichts taugt, weg mit ihm.

Wenn Deine Gewohnheit nichts taugt, weg mit ihr.

Wusstest Du, dass zwischen 30 und 50 % unseres täglichen Handelns durch Gewohnheiten bestimmt werden? Also nicht nur Deine Vorliebe für schwierige Partner.

Bas Verplanken, Professor für Sozialpsychologie an der University of Bath definiert Gewohnheiten als Verhaltensweisen, die wir regelmäßig in einem festen Kontext ausüben – ohne viel darüber nachzudenken. Sie basieren meist auf Entscheidungen, die wir irgendwann einmal bewusst getroffen haben.

Diese Gewohnheiten können positiv sein, wie z. B. das Zähneputzen, das uns vor Karies schützt. Es gibt aber auch negative Gewohnheiten, wie Nägelkauen oder Rauchen. Solche Gewohnheiten sind störend, gesundheitsschädlich oder nerven uns einfach nur. Dennoch sind es Gewohnheiten, die wir nicht so leicht abschütteln können.

Das Erlernen von neuen Dingen fordert Konzentration und Bewusstsein von uns. Unser Gehirn möchte aber am liebsten alles so bequem wie möglich verarbeiten und strebt danach, alles zu routinieren.

Gewohnheiten sind daher sowohl stoffwechsel-biologisch als auch neuronal eine günstige Alternative. So müssen wir nicht mehr über grundlegende Verhaltensweisen, wie Atmen oder Gehen nachdenken und verfügen über mehr mentale Energie und Ressourcen für andere Dinge.

Eine Gewohnheit besteht aus einem dreiteiligen Prozess: dem auslösenden Reiz, der Routinehandlung und der Belohnung. Diese drei Schritte sind rekursive Abläufe, d. h. sie rufen sich am Ende selbst wieder auf und beginnen von vorn.
Zu Beginn einer jeden Gewohnheit steht immer ein Auslöser, etwas, das die Gewohnheit aktiviert, z. B. ein äußerer oder innerer Reiz, ein Gefühl oder ein Gedanke.

Im zweiten Schritt folgt die Routine, die die eigentliche Gewohnheit darstellt. Sie beinhaltet die Handlung, die wir im Prozess einer Gewohnheit durchführen. Die Routine kann physisch, emotional oder mental ausfallen.

Der dritte Schritt ist schließlich die Belohnung. Die Belohnung ist der Teil, der die Gewohnheit in Gang hält und sie in unserem Verstand verankert. Erst durch die Belohnung erhält unser Verstand das Signal, dass die Routine sinnvoll und erfolgreich war und beim nächsten Mal, sobald der Auslöser erscheint, wieder durchgeführt werden soll.

Kommen wir wieder auf die 50 % unseres täglichen Gewohnheitshandelns zurück. Wenn fast die Hälfte unseres Verhaltens durch Gewohnheiten geprägt ist, ist es sinnvoll, sich diese Gewohnheiten einmal näher anzusehen. Was sind Deine täglichen Gewohnheiten?

Apple CEO Tim Cook steht z. B. jeden Morgen – auch am Wochenende – um 3.45 Uhr auf, bearbeitet als Erstes seine E-Mails, treibt Sport und fährt dann ins Büro, um dort entspannt mit der Arbeit zu beginnen.

Bill Gates verbringt, wie gesagt, jeden Abend vor dem Schlafengehen eine Stunde lang mit Lesen und bildet sich so permanent weiter.

Sowohl das frühe Aufstehen als auch das späte Arbeiten zeugen von großer Willensstärke – und von einem Verhalten, das zur Gewohnheit wurde.

Das Gute: Um erfolgreiche Gewohnheiten zu erlangen, können wir ganz einfach ein Werkzeug aus dem Sport übernehmen: das Trainieren.

Trainierst Du Elfmeterschießen, wirst Du gut im Elfmeterschießen. Trainierst Du jeden Tag, schneller zu werden, wirst Du schneller.
Das Ganze funktioniert leider auch in negativer Richtung: Fühlst Du Dich immer überfordert, trainierst Du Dir sozusagen die Überforderung an.

Ebenso ist es mit der Verantwortung. Schiebst Du die Verantwortung immer weg, trainierst Du es Dir an, bis dieses Verhalten zu Deiner Gewohnheit wird.

Trainiere und übe also immer nur die Sachen, die Dich weiterbringen. Übe alles, was Du in Zukunft sein möchtest. Und das immer und immer wieder.

Denn Studien des Chirurgen Maxwell Maltz, des Neurologen Daniel Levitin sowie der Forscherin Philippa Lally vom Cancer Research UK Health Behaviour Centre belegen:

- Alles, was dreißigmal oder dreißig Tage hintereinander gemacht oder gedacht wird, wird zur Gewohnheit.
- Alles, was sechs Monate gemacht oder gedacht wird, ist eine Gewohnheit.
- Alles, was 10.000-mal gemacht oder gedacht wird, macht Dich zum Experten.

Damit fangen wir jetzt direkt an. Wir starten mit einer 10-Tages-Challenge:

Welche Gewohnheiten könntest Du verankern?

Beispiele:
Lesen: täglich 30 Minuten
Sport machen: täglich 20 Minuten
Meditieren: täglich 20 Minuten

Wichtiger Tipp: Kopple eine alte Gewohnheit – wie z. B. Zähneputzen – direkt an die neue Gewohnheit an. So trainierst Du Dir die neue Gewohnheit leichter an.

Notiere hier Deine gewünschte Gewohnheit schriftlich, damit sich Dein Ziel besser in Deinem Bewusstsein verankert.

Was hat sich nach 10 Tagen verändert? Schreibe hier Deine Ergebnisse auf.

6

Das „Gesetz der Anziehung“ - auch für Nicht-Esoteriker

„We become what we think about. Energy flows where attention goes.“
- Rhonda Byrne

Vielleicht weißt Du nicht, wer Rhonda Byrne ist. Das ist auch nicht wichtig. Vielleicht hast Du nie von einem „Hermes Trismegistos“ gehört. Auch das ist unbedeutend. Allerdings gibt es Dinge, die mit diesen beiden Namen eng verbunden sind und die Du unbedingt verstehen solltest, wenn Du erfolgreich werden willst.

Wusstest Du, dass sich der Schauspieler Jim Carrey selbst einen Scheck über eine Gage von 10 Millionen Dollar ausgestellt hat, lange bevor er erfolgreich war? Er trug den Scheck in seiner Brieftasche herum, jahrelang. Ausgestellt war der Scheck auf das Datum von Thanksgiving 1996.

Kurz vor dem Termin nahm Jim Carrey den ramponierten, zerfledderten, fast vergessenen Zettel aus der Brieftasche – nur um festzustellen, dass sein Wunsch Wirklichkeit geworden war. Kurz vor Thanksgiving 1996 hatte er die Zusage für eine der beiden Hauptrollen in „Dumm und Dümmer“ erhalten. Mit einer Gage von 10 Millionen US-Dollar.

Zufall? Glück? Nenn es, wie Du willst. Rhonda Byrne mit ihrem Buch The Secret und viele andere sehen in Ereignissen wie diesen ein physikalisches Gesetz, das sogenannte „Gesetz der Anziehung“.

Die erste Erwähnung dieses Gesetzes geht zurück auf die „Tabula Smaragdina“, einen antiken Text, der einer Legende nach im alten Ägypten im 3. Jahrhundert n. Chr. entdeckt wurde. Der Text beschreibt ein mystisches Wirkverfahren, mit dem Menschen nahezu wie ein Gott Dinge in der Welt erschaffen können, nur durch ihren Verstand.

Starker Tobak. Doch nicht völlig abwegig: Rund 1.800 Jahre später legt die moderne Quantenphysik nach. Die Quantenphysik befasst sich mit den Naturgesetzen im sogenannten „atomaren und subatomaren" Bereich. Was dort geschieht, klingt, als wäre es aus einem Zauberbuch entsprungen.

In aller Kürze zusammengefasst: Feste Materie ist Illusion, es existiert nichts als Energie. Wir alle sind immer Teil dieser Energie. Längst haben esoterische Schriftsteller und Autorinnen sich auf das Thema gestürzt.

Namen wie Akasha-Chronik, Quanten-Feld, morphisches Feld und ähnliche benennen stets so ziemlich das Gleiche: das Energiefeld um uns Menschen herum. Über dieses Feld, so die Annahme, sind wir in der Lage, die Wirklichkeit zu beeinflussen.

Das Spannende dabei: Physikalisch ist das denkbar. Unser Nervensystem schickt positiv und negativ geladene Ionen durch unseren Körper, unsere Hände und Füße, unsere Brust. Unser gesamter Körper wird durch unser zentrales Nervensystem unter Spannung gesetzt.

Menschen mit pathologischen Problemen, wie schweren Depressionen oder Nervenkrankheiten wie MS, haben eine Spannung zwischen fünf und neun Millivolt.

Gesunde Menschen haben im normalen Bewusstseinszustand eine durchschnittliche Spannung zwischen dreißig und hundert Millivolt. Unser Körper hat also optimalerweise eine Spannung zwischen dreißig und hundert Millivolt.

Ausnahmeathleten erreichen bis zu 2.000 Millivolt.

Wenn es eine Möglichkeit gäbe, unsere Körperspannung, also die Elektrizität unseres Nervensystems zu erhöhen, welche Auswirkungen hätte das auf unser Bewusstsein? Wäre es dann einfacher für uns, unsere Gedanken zu projizieren und kollektiv unsere Realität zu beeinflussen?

Es ist wie bei einem Radio: Bei schlechtem Empfang kann man kaum etwas hören, weil das Radio nicht genug Energie bekommt. Der Körper ist wie ein Radiosender bzw. Empfänger.

Wenn man versucht, Gedanken ins Universum zu senden, um kollektiv die Realität zu beeinflussen, um einen Seelenfreund oder eine Geschäftsidee anzuziehen oder um die Kreativität zu erhöhen und man hat dann nicht genug Energie im Nervensystem, dann ist die Wahrscheinlichkeit, die Realität auf die gewünschte Weise zu beeinflussen, wesentlich geringer.

Eine Besonderheit dabei: Die Energie, die von unserem Herzen in die Welt gesendet wird, ist etwa 5.000-mal größer als die Energie eines Gedankens. Wir senden über unsere HERZENS-Wünsche – und über unsere Gefühle! – also deutlich stärker als über unsere Gedanken.

Nun sind wir an einem herausfordernden Punkt angelangt. Vielleicht sagst Du jetzt: „Marc, ich glaube das alles nicht." Dann würde ich Dir antworten: „Das musst Du nicht. Ich habe es zwar selbst erlebt, schon unglaublich oft, aber Du musst nicht daran glauben."

Denn letztlich ist es nicht unbedingt wichtig, ob Du es glaubst oder nicht. Die Sonne geht auch morgens auf, wenn wir nicht an den Sonnenaufgang glauben. Doch ob Du nun daran glaubst oder nicht, eine Formel sollten auch Nicht-Esoteriker als eine Wahrheit ansehen: Wie Innen, so Außen.

Glaub mir, ich habe es nur allzu oft selbst gesehen. „Wie Innen, so Außen" ist eine der Konstanten der menschlichen Persönlichkeit.

Es beginnt bei Kleinigkeiten: Deine Wohnung ist der Spiegel Deiner Seele. Ist Deine Wohnung unordentlich, ist Deine Seele in Unruhe.

Doch ich möchte hier noch konkreter werden.

Wenn es etwas gibt, das Dich permanent beschäftigt, wirst Du nicht die Kraft aufbringen, allen Kleinigkeiten im Leben nachzukommen.

Ballast aus Deiner Vergangenheit raubt Dir die Kraft, um Deine Wohnung auch dann aufzuräumen, wenn gerade viel los ist.

Erinnere Dich: Wir Menschen haben rund 60.000 Gedanken täglich und 90 % dieser Gedanken sind Wiederholungen.

Tagtäglich wiederholst Du also 90 % der Gedanken wie eine hängende Schallplatte. Wenn es fast ausschließlich negative Gedanken und Erinnerungen sind, die Du Dir immer wieder vorsagst, ist Dein Speicher irgendwann voll.

Beseitigst Du diesen Ballast in Deiner Seele, hast Du mehr Energie! Mit dieser Energie wirst Du bedeutende und unbedeutende Ziele leichter erreichen.

Doch lass uns noch einen Schritt weiter gehen. Hast Du schon einmal einen Menschen getroffen, der aus seinem Inneren heraus eine positive Ausstrahlung hatte? Wahrscheinlich hast Du das. Welche Erinnerung hast Du an diese Person? Warst Du gern in ihrer Nähe? Habt ihr gemeinsam gelacht? Oder vielleicht etwas unternommen, das Du schön fandest?

Für wie wahrscheinlich hältst Du es, dass diese Person keine Freunde hat? Natürlich kann das Leben Überraschungen bieten...

Doch es ist alles in allem recht wahrscheinlich, dass diese Person sogar sehr viele Freunde hat. Wie sollte es auch anders sein? Jeder Mensch hält sich gerne mit Menschen auf, die angenehm sind.

Wenden wir das Beispiel in sein Gegenteil: Stell Dir bitte eine Person vor, die gerne deprimiert ist. Alles ist schlecht, die Welt ist unfair, „alle sind gegen mich".

Würde es Dich überraschen, wenn diese Person eher wenige Freunde hat? Und wenn diese Freunde eine ähnliche Einstellung haben, wie unser Kandidat selbst? Ich denke, das würde Dich kein bisschen überraschen.

Achte einmal auf diesen Zusammenhang, er ist sehr wichtig. Was solltest Du jetzt daraus lernen?

Du musst nicht daran glauben, dass unser Herz auf der Quantenebene irgendwelche Wellen aussendet und das Universum mitgestaltet – auch wenn ich davon überzeugt bin. Du musst auch das „Gesetz der Anziehung" nicht für ein physikalisches Gesetz halten.

Doch Du solltest wissen, dass alles, was in Dir ist und worauf Du Deine Bemühungen richtest, auf andere Menschen wirkt. Und Du wirst immer andere Menschen um Dich herum finden, die so ähnlich sind wie Du.

Wenn Du möchtest, dass der Zufall für Dich arbeitet, dann solltest Du das unbedingt verinnerlichen. Jeder Mensch, der erfolgreich werden will, kann ein großes Netzwerk voller positiver Kontakte gebrauchen.

Er oder sie braucht andere Menschen, die in der Lage sind, wirkungsvolle Gefallen zu tun. Werde selbst ein solcher Mensch! Und glaub mir: Du wirst andere treffen, die genauso sind und Deine Gesellschaft suchen.

Fange als Realist an und arbeite mit Dir selbst – aus meiner Erfahrung kann ich Dir sagen: Das Leben wird Dich auch in dieser Beziehung überraschen!

Fazit: Werde zu der Person, die die richtigen Signale aussendet!

Challenge #6: Scripting

Denken reicht bei dieser Challenge nicht. Wir möchten Deine Gedanken auch festigen. Das geht am besten, Du weißt es, wenn Du sie niederschreibst.

Daher möchte ich in dieser Übung, dass Du eine Art Drehbuch schreibst, ein Script. In diesem Script steht detailliert drin, wie Du Dir Dein neues Ich vorstellst. Dieses Ich, das andere erfolgreiche Ichs anzieht.

Gehe dabei auf alle Kleinigkeiten ein: Aussehen, Kleidung, Hobbys, Charaktereigenschaften. Alles, was Dir einfällt.

7

Blutige Nasen und äußerer Reichtum

„Wenn Du mutig genug warst, anzufangen, sei auch mutig genug, es zu Ende zu bringen.“
- Marc Galal

Vor einer Weile lief mir eine kleine Zen-Geschichte über den Weg, die ich mit Dir teilen möchte. Den Grund dafür erkläre ich Dir gleich:

Es war einmal ein Schüler, der seiner Lehrerin eine wundervolle Muschel schenkte.

Sie sagte: „Ich habe noch nie eine solch schöne Muschel gesehen! Wo hast Du diese kostbare Muschel denn gefunden?“

Der Junge erzählte von einer versteckten Stelle am anderen Ende der Insel und dass dort hin und wieder solch eine Muschel angeschwemmt wird.

„Ich werde diese wundervolle Muschel mein Leben lang aufbewahren und ich danke Dir von Herzen. Aber Du hättest doch keinen so weiten Weg machen sollen, nur um mir etwas zu schenken.“

Darauf antwortete der Junge: „Aber der weite Weg ist doch ein Teil des Geschenks!“

Diese kleine Geschichte ist mehr als eine kleine Weisheit zum Thema „Schenken“. Sie ist eine wichtige Lektion über Wert. Sie erklärt uns viel über das System des äußeren Reichtums.

Endlich, denkst Du jetzt vielleicht. Endlich geht es um den äußeren Reichtum.

Es ist leicht zu erkennen, dass der Schüler sich die Mühe des weiten Wegs gemacht hat, um dadurch die Bedeutung des Geschenks zu erhöhen. Nun, das gilt auch umgekehrt: Dinge, die viel wert sind, brauchen häufig einen weiten Weg.
Stellen wir uns kurz vor, der Weg zu dieser Muschel wäre nicht nur weit gewesen. Er wäre auch beschwerlich gewesen, unwegsam und voller Gefahren.

Stellen wir uns vor, der Weg wäre so schwierig gewesen, dass kaum jemand ihn überhaupt je zu nehmen wagte. Die meisten Menschen würden wohl abwinken und lieber auf diese Beschwerlichkeiten verzichten. Blutige Kratzer, Verluste, Kletterpartien bis an den Rand der eigenen Kräfte.

Würde die Muschel dann nicht sogar noch wertvoller erscheinen?

So ist es mit allen großen Zielen im Leben, ganz besonders eben mit dem äußeren Reichtum. Diese Form des Reichtums ist die ultimative Muschel.

Äußerer Reichtum ist gerade deshalb besonders, weil er schwer zu kriegen, mit Rückschlägen verbunden ist, mit Verlusten, schweren Zeiten und großen Anstrengungen. Macht es ihn dadurch aber nicht nur noch wertvoller?

Jeder Unternehmer hat Lehrgeld bezahlt. Alle haben sich blutige Knie und Nasen geholt. Die Zahl der Geschäfts- und Produktideen, die jedes Jahr in Schubladen verschwinden, übersteigt die Zahl verwirklichter Ideen oder erfolgreicher Unternehmungen um das Neunfache.

Warum erzähle ich Dir das? Du solltest bis hierhin verstanden haben, wie Du Dich selbst zu dem Menschen machen kannst, der für den Erfolg bereit ist. Wie Du den Mut bekommst, groß zu denken. Wie Du die Energie bekommst, um Großes zu leisten. Du hast die Vergangenheit losgelassen und verstanden, dass das Leben vor Dir so viel wichtiger ist, als das Leben, das hinter Dir liegt.

Du bist im Begriff der Mensch zu werden, der das alles schaffen kann. Weil Du Dich selbst motivierst und Dir Deine Perspektiven selbst aussuchst. Aber kommt der Erfolg dadurch von alleine? Das darfst Du niemals glauben. Wenn Du das immer noch denkst, dann sollten wir noch mal bei Kapitel 1 anfangen.

Stattdessen wird der Weg zum äußeren Reichtum Deinen inneren Reichtum auf eine harte Probe stellen. Schaffst Du es aus eigener Kraft, nach einem verhauenen Deal wieder auf die Beine zu kommen? Verfolgen Dich verlorene Euros bis in den Schlaf? Siehst Du in Hindernissen massiven Gegenwind oder eine erfrischende Brise, die Dir ins Gesicht weht?

Vergiss nicht: Der Weg des doppelten Millionärs ist nicht einfach nur der Weg zu einem vollen Bankkonto. Es ist der Weg zum Glück in einer modernen Gesellschaft. Dieser Weg lohnt sich, egal wie hart er ist.

Passend dazu möchte ich Dir mitgeben, was der Film-Boxer Rocky Balboa (verkörpert von Sylvester Stallone) seinem Film-Sohn mit auf den Weg geben hat – und dies ist zugleich auch das Fazit dieses Kapitels:

Fazit:

„Der Punkt ist nicht der, wie hart einer zuschlagen kann. Es zählt bloß, wie viele Schläge er einstecken kann und ob er trotzdem weitermacht, wie viel man einstecken kann und trotzdem weitermacht. Nur so gewinnt man. Wenn Du weißt, was Du wert bist, dann geh hin und hol es Dir, aber nur, wenn Du bereit bist, die Schläge einzustecken. Aber zeig nicht mit dem Finger auf andere und sag Du bist nicht da, wo Du hinwolltest, wegen ihm oder wegen ihr oder sonst jemandem. Schwächlinge tun das und das bist Du nicht!“

- Sylvester Stallone als Rocky Balboa

Genau jetzt solltest Du verstanden haben, was das bedeutet.

Challenge #7: Übe Dich in Geduld -„ächz“-

Amazon bringt Dir Deine Bestellung wenn nötig abends bis 22 Uhr. Keine Sucherei in den Regalen, kein Anstehen an der Kasse, keine obligatorische ältere Dame mit viel Kleingeld im Geldbeutel vor Dir.

Netflix und Co. zeigen Dir rund um die Uhr, was Du sehen willst. Kein Warten auf eine neue Folge Deiner Lieblingsserie, keine Uhrzeit, zu der Du pünktlichst vor dem Fernseher sein musst.

Mal ehrlich, in unserer jetzigen Zeit wird Geduld nicht mehr sonderlich großgeschrieben. Wir brauchen eigentlich ja gar keine Geduld mehr zu haben, oder?

Falsch! Gerade wenn Du erfolgreich werden willst, brauchst Du Geduld, wie wir bei den blutigen Nasen gerade gesehen haben.

Denn Ungeduld ist nicht nur für uns selbst anstrengend. Es entzieht uns Kraft, die wir viel besser für unser Ziel gebrauchen könnten.

Dein Puls ist schon auf 180, weil

- die Bahn sich um dreißig Minuten verspätet und das Abendessen schon wieder kalt wird (und Deine Frau berechtigterweise sauer)?
- Oder weil der Stau immer länger wird, weil irgendein Depp vor Dir beim Überholen meinte, nicht in den Spiegel schauen zu müssen?

Ändert Dein Ärger etwas? Lässt er die Bahn schneller fahren und den Stau sich in Luft auflösen? Nein. Du regst Dich in diesen Momenten über Dinge auf, die Du nicht beeinflussen oder ändern kannst. Du schaust im Sekundentakt auf die Uhr und das Einzige, das sich verändert, ist Deine Stimmung. Am Ende kommst Du schlecht gelaunt, genervt und ausgelaugt nach Hause. Deine Energie ist weg.

Doch nicht nur bei alltäglichen Dingen – leider sind Bahnverspätungen und Staus alltäglich – steht uns unsere Ungeduld im Weg und entzieht uns Kraft. Auch bei Projekten und unserer Businessplanung benötigen wir Zeit und Geduld, um das Passende zu entwickeln.

Ungeduldige Menschen sind einem erhöhten Stresslevel ausgesetzt und setzen sich selbst immer wieder unnötig einem hohen Leistungsdruck aus. Das wirkt sich nicht nur negativ auf ihre Lebensqualität aus. Sie tendieren auch dazu, öfter und schneller ihre Pläne und Träume aufzugeben.

Wie steht es um Deine Fähigkeit, warten zu können? Sollen wir es uns einmal genauer ansehen? Dann würde ich Dich bitten, folgende zwei Fragen zu beantworten. Bitte sei dabei vollkommen ehrlich zu Dir selbst! Schließlich geht es um was. Um Deinen Weg, innerlich und äußerlich reich zu werden.

Frage 1: Werde Dir bewusst: In welchen Momenten wirst Du ungeduldig?

Überlege Dir, in welchen Situationen und durch welche Faktoren Deine Ungeduld ausgelöst bzw. verstärkt wird. Wenn Du z. B. hungrig, durstig oder müde bist? Oder wenn Du an etwas gehindert wirst, das Du Dir vorgenommen hast? Notiere Dir hier die Situationen.

Frage 2: Welche Konsequenzen hat Deine Ungeduld?

Stell Dir vor, Du sitzt im überfüllten Bus. Drei Teenies hinter Dir besprechen laut ihre neuesten Beziehungsprobleme. Das Baby vor Dir im Kinderwagen schreit. Der Typ neben Dir hört laut Helene Fischer – zwar über Kopfhörer, doch Du kannst trotzdem jedes Wort von Atemlos verstehen. Ob Du mitsingen kannst – das ist ein anderes Problem.

Der Bus hält abrupt an, die Baustellen-Ampel ist rot. Du wirst ungeduldig, weil Du zu spät zu einem wichtigen geschäftlichen Termin kommst.

Jetzt mache bitte gedanklich eines: Nimm die aufsteigende Ungeduld bewusst wahr. Führe Dir dann vor Augen, wie die Szenerie weitergeht, wenn Du Dich nicht beruhigen kannst.

Du wirst von Sekunde zu Sekunde frustrierter. Gehetzter. Jede weitere rote Ampel, jeder Ton von vorne, hinten und neben Dir verstärkt Deinen Ärger und Deine Ungeduld.

Irgendwann bist Du an Deinem Ziel, Deinem Geschäftstermin. Wie wird dieser verlaufen? Wie ist Dein innerer Zustand, wenn Du ankommst? Welchen ersten Eindruck wird Dein potenzieller Geschäftspartner von Dir bekommen? Meinst Du, Du bekommst den Auftrag?

Notiere Dir bitte hier Deine Gedanken:

Übung: Stärke Deine Geduld

Wenn ich ungeduldig werde, liegt das oft daran, dass ich das Gefühl habe, in diesem Moment kostbare Lebenszeit zu verschwenden. Doch dann mache ich mir ganz schnell bewusst: Es liegt in meiner Hand, ob ich diese Zeit ungenutzt verstreichen lasse. Dann atme ich ein paarmal tief durch, schließe meine Augen und denke darüber nach, was mich an diesem Tag besonders gefreut hat und für was ich dankbar sein kann.

Diese Gedanken machen mich automatisch gelassener und entspannter. Die Hektik fällt ab.

Probiere es doch jetzt einfach mal aus:

Notiere Dir hier, was Dich heute glücklich gemacht hat und für was Du dankbar bist. Danach können wir ganz entspannt in das nächste Kapitel starten.

8
Ein Wort zu Business-Strategien

„Es gibt für Red Bull keinen bestehenden Markt, aber wir werden ihn machen.“

- Legendärer Satz aus dem allerersten Red Bull-Salesfolder 1987.

Im vorherigen Kapitel haben wir kurz beleuchtet, mit welcher Einstellung Du an das Thema „Erfolg“ herangehen solltest. Wichtig ist allerdings: Nur weil blutige Nasen zum Erfolg gehören wie Plätzchen zu Weihnachten, heißt es nicht, dass Du Dir jede blutige Nase auch abholen solltest.

Nach rund 150 Jahren Kapitalismus und rund 300 Jahren Industrieproduktion gibt es eine gigantische Menge an gesammelten Erfahrungen im Geschäftsaufbau, heute gerne als „Business-Strategien“ bezeichnet. Der Nachteil dieser Strategien ist, dass Du ihnen fast blind vertrauen musst.

Auch wenn Du vielleicht das Gefühl hast, dass etwas nicht klappen wird oder Du der Erfahrung einer anderen Person vertrauen musst. Der Vorteil dabei ist, dass Business-Strategien Deinen Erfolg enorm beschleunigen und Dir bares Geld sowie wertvolle Zeit sparen können.

Ein einschlägiges Beispiel liefert etwa der Energy-Drink-Produzent Red Bull. Die Erfolgsgeschichte des Brause-Herstellers inklusive Fußballvereinen ist allgemein bekannt. Warum ich das Unternehmen hier anspreche ist der „Game Changer“, den es mir selbst verpasste.

Lange Zeit glaubte ich, dass man ein gutes Produkt brauchen würde, um ein Unternehmen zu gründen. Eine tolle Idee, ein Bedürfnis, das Menschen haben, und ich bringe die Lösung dafür.

Wie ein Ingenieur, der wie Daniel Düsentrieb ständig kreative Lösungen entwickelt. Eines Tages kommt der leuchtende Einfall und der Erfolg ist erreicht. Firma gründen, Produkt verkaufen. Fertig.

Die Geschichte von Red Bull beweist etwas vollkommen Anderes: Nicht alle Produkte sind global erhältlich. Manche existieren nur in Nischen.

Ein solches Produkt in einem neuen Markt anzubieten ist gewagt, aber ein doch völlig anderer Business-Schritt. Ich muss mein Produkt nicht selbst entwickeln. Es reicht völlig, eines zu übernehmen.

Oder ein anderer Game Changer: Muss ich denn der Beste in meinem Markt sein, um richtig erfolgreich zu sein?

Die Antwort: Natürlich nicht! Wie könnten Microsoft und Apple nebeneinander bestehen, wenn es nur EINEN geben kann?

Eine einzigartige Positionierung, ein schlagkräftiges Marketing, eine effiziente Vertriebsstruktur und eine margenstarke Produktpalette – das sind die Dinge, die ein gutes Unternehmen braucht. Diese Ziele solltest Du Dir setzen.

Auf dem Weg dorthin helfen Dir Business-Strategien dabei, nicht jeden Fehler selbst zu machen. Natürlich bist Du als Umsetzer immer noch gefragt.

Hier schließt sich nun der Kreis: Dein Inneres aufzuräumen kann Dich im Leben glücklicher und zufriedener machen. Es kann Dich zu der Person machen, die zu Vielem in der Lage ist. Ein Vorbild für andere und ein Beispiel für sich selbst.

Jetzt bist Du der Mensch geworden, der in der Lage ist, diese Dinge zu erreichen. Als nächstes darfst Du Dir aussuchen, wie schnell Du an Dein Ziel gelangen möchtest. Road-Runner-Schnell?

Dann solltest Du auf bewährte Strategien setzen und vielleicht einen Mentor um Rat fragen.

Der Unterschied ist folgender:

Ein Trainer verbessert eine vorhandene Fähigkeit.

Ein Coach hilft Dir, Deinen eigenen Weg zu finden.

Ein Mentor zeigt Dir die Wege, die ihn und andere erfolgreich gemacht haben.

Ich selbst habe mich immer wieder an Mentoren gewandt, da ich mir Wissen gerne einkaufe. Die Zeit schmerzt mich mehr als die Kosten für die Beratung.

Von meinen Mentees höre ich oft das Gleiche: Sie kommen zu mir, um den direkten Weg zum Erfolg zu nehmen – und das mit anderen Menschen, die das Gleiche wollen. Diese Gemeinsamkeit habe ich in meinen Mentorings auch immer genossen.

Musst Du für Business-Strategien studieren? Nein, natürlich nicht. Kannst Du auch ohne sie erfolgreich werden?

Ja, das kannst Du. Aber es ist teurer, zeitaufwendiger und nervenaufreibender – auch wenn Du jetzt der Mensch geworden bist, der damit besser zurechtkommt.

Fazit: Nutze Business-Strategien und arbeite mit einem Mentor zusammen, um schneller und günstiger an Dein Ziel zu kommen.

Challenge #8: Eine Recherche zu Business-Strategien

Ich möchte, dass Du mit dem Wissen aus diesem Kapitel ein wenig recherchierst. Welche Business-Strategien gibt es? Welche könnten Dich weiterbringen? Wo bekommst Du sie?

Notiere Dir hier Deine Recherche-Ergebnisse:

9

Der Weg zu innerem und äußerem Reichtum

„Lebe Dein Leben, nicht das der anderen.“
- Marc Galal

In den letzten Kapiteln hast Du begonnen, nach innen zu schauen. Du hast begonnen, Deine innere Realität zu begreifen und Deinen innerlichen Reichtum durch die Veränderung der negativen Glaubenssätze aus Deiner Vergangenheit anzuhäufen.

Du hast begonnen, Dich zu befreien, um endlich Reichtum, Erfolg und all das in Deinem Leben anzuziehen, was Du Dir vorstellst.

Doch bevor wir beginnen, echte Business-Strategien in Deinem Leben anzuwenden, ist es erst mal wichtig herauszufinden, mit welchem Business Du Deinen Erfolg erreichen willst. Was ist Dein „Herzensbusiness“?

Ich verwende den Begriff „Herzensbusiness“ mit voller Absicht – denk an das Kapitel zum Gesetz der Resonanz! Doch dazu gleich mehr.

Zuerst: Es ist enorm wichtig, dass Du aus Leidenschaft und Sinn im Leben agierst und reagierst. Das sorgt dafür, dass Du eine Mission in Deinem Leben hast. Und dafür, dass Du alles tust, um diese Mission zu erfüllen.

Stell Dir bitte Folgendes vor: Ein kleiner Junge oder ein junges Mädchen haben eine Vision. Er oder sie möchte ein Star werden, vielleicht Profi-Fußballerin oder Sänger. Was macht dieses Kind? Es übt und trainiert den ganzen Tag.

Dieses Kind wird immer besser – niemand muss das Kind motivieren. Niemand muss sagen „übe mehr!". Es übt aus eigener Kraft, Tag für Tag. Genau das ist das Entscheidende.

Wenn Du einen wirklichen Fixstern hast, ein echtes Herzensbusiness, eine Sache, wofür Du stehst, dann wirst Du alle Herausforderungen und all das, was notwendig ist, um dieses Ziel zu erreichen, meistern und üben.

Du wirst auch bereit sein, Dinge zu lernen, woran Du früher gar nicht gedacht hast. Dazu werden Themen wie „Buchhaltung" oder „Betriebswirtschaft" gehören, aber auch Business- und Marketing-Strategien oder Vertriebsprozesse. Aber dies alles sind nur Aufgaben, um Dein großes Ziel zu erreichen.

Dein WARUM, Dein „Big Picture", liefert Dir den Hintergrund, damit Dir alle Deine Aufgaben leichter fallen. Denn Du weißt, wozu Du das alles tust.

Also, finde jetzt heraus, was Deine wahre Leidenschaft ist, denn das ist Dein wahrer Antrieb. Deine intrinsische Motivation, etwas in Deinem Leben zu erreichen. Wenn Du dem äußeren Reichtum hinterherrennst, dann wirst Du nie Durchhaltevermögen haben.

An jeder Straßenecke warten neue (Business-)Möglichkeiten. Gerade dann, wenn es bei Dir schlecht läuft, werden andere Leute berichten, wie leicht sie in ihrem Business Geld machen und erfolgreich sind.

Wenn Geld der einzige Grund ist, warum Du rennst, dann wirst Du nur noch diesem Topic folgen und Deine eigene Idee loslassen. Irgendwann wirst Du merken, dass es auch dort Herausforderungen gibt und Themen, die Dich wieder ausbremsen. Und Du musst wieder akzeptieren, dass jedes Business eine Herausforderung an Dich als Person ist.

Du arbeitest in jedem Business letztlich an Deiner „Challenge".

Denn Du musst verstehen: Jede Herausforderung ist nur eine weitere Challenge, eine neue Challenge, um auf die nächste Ebene zu kommen und Deine Fähigkeiten als Business-Mensch zu verbessern.

Wenn Du also Dein absolutes Herzensbusiness für Dich entschieden hast und es verfolgst, dann wirst Du merken, dass nicht nur das Gesetz der Resonanz Dir unter die Arme greift. Auch Dein Fokus, Deine Arbeitszeit, Deine Leistung – alles wird sich auf diesen einen Punkt konzentrieren. Jetzt solltest Du die richtige Business-Strategie verwenden, um schneller an Dein Ziel zu kommen.

Einer Sache darfst Du Dir bewusst werden: Es werden viele Herausforderungen und Themen auf Dich zukommen. Du darfst sie alle meistern, um auf Dein nächstes Level zu kommen.

Du darfst neue Fähigkeiten lernen, Dich in neue Themen einarbeiten. Du darfst lernen wieder aufzustehen und Durchhaltevermögen zu haben. Und Du darfst trainieren, immer auf Deinen Fixstern, Dein Herzensbusiness fokussiert zu bleiben. Dann weißt Du immer, warum Du diese gesamte Tortur auf Dich nimmst.

Diese wichtige Sache möchte ich Dir als **Fazit** mitgeben:

Solange Du in Deinem inneren Reichtum bist und so richtig stark von Deinem Weg überzeugt bist, wirst Du Dein Äußeres immer beeinflussen und zurechtrücken. Wenn wir ein klares Ziel haben und mit Herzensenergie anpacken, macht das Universum den Weg für uns frei.

Challenge #9: Dein Herzensbusiness

Jetzt solltest Du nach Deinem Herzensbusiness suchen. Stell Dir die untenstehenden Fragen und schreibe Dir alles auf. Entscheide Dich wirklich und absolut von ganzem Herzen aus jeder Zelle heraus, aus jedem Gedanken heraus.

Diese wichtige Entscheidung wird zu Deinem Weg. Wenn Du die 100-%-Entscheidung getroffen hast, dann mobilisierst Du Kraft und Momentum.

Nachdem Du Dein Herzensbusiness für Dich erkannt hast, beginnst Du nicht nur zu rennen und intrinsisch motiviert zu sein.

Durch Deine innere Klarheit, durch Deinen inneren Reichtum, fängst Du gleichzeitig an, eine ganz andere Energie nach außen zu senden. Das Gesetz der Resonanz beginnt auch hier, Dich zu unterstützen.

Beantworte Dir jetzt folgende Fragen:

Was würde ich tun, wenn ich wüsste, dass mir alles zu 100 % gelingen würde?

Welche Fähigkeiten besitze ich?

Welche Stärken besitze ich?

Welche Kompetenzen bringe ich mit?

Owens

10

Eine Gleichung, die Dir gefallen wird

„Armut ist keine Schande. Reichtum auch nicht."
- Curt Goetz, deutsch-schweizerischer Schriftsteller

Für alle, denen Mathematik ein Dorn im Auge ist, denen bei dem Begriff „Gleichung" ihre alte Mathelehrerin Frau Müller in den Sinn kommt und die dabei Reißaus nehmen: Kommt zurück! Die folgende Gleichung wird euch gefallen. Versprochen!

Denn es geht um mehr als bloßes Zahlenverständnis und Textaufgaben. Um mehr als Äpfel, Birnen oder Züge, die irgendwo früher oder später ankommen.

Es geht um eine Reichtums-Gleichung. Eine Formel, die Dir zeigen wird, was Du in Deinem Business tun musst, um bei den ganz Großen mitzuspielen. Und sie zu übertrumpfen.

Denn es ist nicht nur die harte Arbeit, die die Reichen reich macht. Auch wenn das ein weitverbreiteter Irrglaube ist. Die reichen, die wirklich reichen Menschen haben EIN mächtiges Werkzeug: Wissen.

Sie kennen sich aus. Sie kennen ihr Gebiet, ihre Kunden. Sie kennen die richtigen Business-Strategien – und handeln nach ihnen. Nicht jeder, der sich selbstständig macht, wird automatisch ein Millionär. Nicht jeder, der eine Business-Idee hat, wird damit reich.

Derjenige, der das Wissen nicht hat und der die Strategien nicht kennt, wird scheitern. Er macht sich vielleicht selbstständig. Doch er wird niemals reich werden.

Du kannst den Weg abkürzen und ihn leichter machen. Indem Du die Geheimnisse der Multi-Millionäre und Multi-Milliardäre kennenlernst. Menschen, die mein Business-System nutzen, werden innerhalb von fünf Jahren reich. Ohne System kann es mehr als dreißig Jahre dauern, bis Du Deinen Traum von finanzieller Freiheit erfüllen kannst. Wenn überhaupt jemals.

In meinem Seminar „Der doppelte Millionär" lernen die Teilnehmer einige Business-Formeln kennen, die alle Milliardäre anwenden, um Multi-Millionen-Businesses und Milliarden-Konzerne in kürzester Zeit aufzubauen. Wenn man diese Geheimnisse im Kleinen verwendet, kann man mit wenig Budget Gigantisches erreichen.

In kürzester Zeit ...

Du willst diese Abkürzung am liebsten direkt gehen? Dann hole Dir hier mehr Informationen zu diesem Seminar:

www.marcgalal.com/doppelter-millionaer

Einen Teil einer Reichtumsformel möchte ich in diesem Buch vorstellen und Dir an die Hand geben:

Wirkung = Geldfluss x Verkaufskompetenz x Anzahl der Menschen

Wirkung = Geldfluss

Je höher Deine Wirkung ist, desto höher ist Dein Geldfluss. Stell Dir also Folgendes vor: Ein Fabrikarbeiter arbeitet 90 Minuten und hat eine besondere Wirkung. Er unterstützt den Bau eines Autos, das am Ende vielleicht 90.000,- Euro kostet.

Vergleichen wir das mit der Wirkung eines Torwarts einer Nationalmannschaft. Nehmen wir Manuel Neuer: Mit seiner Wirkung in den Spielen der Weltmeisterschaften und natürlich bei Elfmeterschießen hat Neuer eine enorme Wirkung auf den Erfolg der Nationalmannschaft. Ein WM-Sieg setzt einen ganzen Strom an Geldern frei.

Das bedeutet: In den 90 Minuten eines WM-Finales hatte Manuel Neuer eine vollkommen andere – und finanziell deutlich größere – Wirkung als der Arbeiter in der Automobilproduktion.

Machen wir noch ein Beispiel. Nehmen wir an, Du studierst Jura und schließt das Studium mit dem zweiten Staatsexamen sehr gut ab. Dein Einstiegsgehalt in einer renommierten Kanzlei liegt bei rund 6.000,- Euro monatlich. Die Kanzlei zahlt Dir dieses Gehalt, da sie davon ausgeht, dass das in etwa der Wirkung entspricht, die Du für sie erzielen kannst.

Aus Deiner eigenen Sicht ist Dein Einkommen die Wirkung, die Du für Dich selbst erzielst.

Nun stell Dir einmal vor, Du machst Dich selbstständig, wirst Unternehmer und stellst selbst mehrere Anwälte ein. Jetzt betreust Du mehrere Mandanten pro Monat und erzielst einen Monatsumsatz von 200.000,- Euro. Damit hast Du Deiner Zeit eine andere Wirkung gegeben. Das erkennst Du an dem veränderten Geldfluss.

Du solltest also immer darauf achten, dass Deine Zeit – jede Stunde am Tag – die größtmögliche Wirkung hat. Mit diesem Ziel erhältst Du auch den größtmöglichen Geldfluss.

So einfach kann es sein, wenn Du Dich darauf konzentrierst, Deine Wirkung zu erhöhen und damit gleichzeitig Deinen Geldfluss zu erhöhen.

Stell Dir jetzt bitte noch vor, dass Du als Kanzlei-Inhaber mehrere Standorte aufbaust und damit Deine Wirkung sogar noch erhöhst. Nun beschäftigst Du nicht mehr nur acht Anwälte sondern schon bald 80 und Dein Umsatz steigt auf 2.000.000,- Euro. Schon hast Du Deine Wirkung noch mehr erhöht.

Doch Deine Wirkung zu erhöhen, hat nicht nur damit zu tun, dass Du skalierst und Mitarbeiter die Arbeit machen lässt. Du kannst das Konzept auch im Kleinen betrachten. Wenn Du zum Beispiel eine Immobilie verkaufst, zum Beispiel eine Wohnung – dann bekommst Du eine Provision von X.

Verkaufst Du in der gleichen Gegend ein Mehrfamilienhaus wird Deine Provision Y sehr wahrscheinlich deutlich höher ausfallen. Und das mit dem gleichen Zeitaufwand.

Das heißt also: Du musst Dich fragen, wie Du in Deinem Business Deine Wirkung dramatisch erhöhen kannst, um Deinen Geldfluss so zu steigern, dass Du schnell reich werden kannst.

Jeder Mensch hat seine Fähigkeiten, seine Branche, seine Individuelle Situation. Selbstverständlich können wir im Seminar gemeinsam erarbeiten, wie Du Deine Wirkung verzehnfachen kannst, um schneller an Dein Ziel zu kommen.

Verkaufskompetenz

Die Fähigkeit zu verkaufen zieht sich wie ein roter Faden durch unser Leben. Sie entscheidet darüber, ob wir erfolgreich sind oder nicht. Verkaufen bedeutet nicht nur, dass ein Produkt den Besitzer wechselt.

Verkaufen ist, wenn Du es schaffst, dass Dein Gesprächspartner in kürzester Zeit Deine Meinung übernimmt. Wann immer Dir das gelingt, war das ein erfolgreicher Verkauf. ALLES ist verkaufen, nicht nur das reine Übergeben von Produkten oder Ausführen von Dienstleistungen.

Die Fähigkeit zu verkaufen ist also entscheidend, in Deinem Geschäftsleben genauso wie in Deinem Privatleben. Es geht schließlich immer darum, Menschen zu überzeugen und seine Meinungen und Ideen kund zu tun. Im Business ist dies das Entscheidendste überhaupt.

Es ist egal, um welches Unternehmen es geht: Ob Du ein produzierendes Unternehmen gründest, das Waren anbietet, ob Du eine Dienstleistung anbietest und verkaufst, ob Du Waren und Dienstleistungen kombinierst und verkaufst; es ist egal, was Dein Geschäftsmodell genau ist.

Alles dreht sich am Schluss um eine einzige Sache. Die Ware oder Dienstleistung muss verkauft werden!

Und je mehr verkauft wird, desto mehr Geldfluss entsteht. Doch die Fähigkeit zu verkaufen basiert auf vielen unterschiedlichen Punkten.

Neben den Verkaufsfähigkeiten und Kompetenzen, z.B. wie man Einwände behandelt oder überzeugend argumentiert oder wie man den Abschluss einleitet oder Neukunden findet, gibt es noch andere wichtige Themen, die entscheidend für den Erfolg sind.

Vertriebsprozesse etwa, der gesamte Workflow des Vertriebs. Er ist genauso wichtig wie die klassische Verkaufskompetenz.

Mit welchen Strategien werden Neukunden gewonnen?
Wo werden Neukunden gewonnen?
Wie dominierst Du den Markt durch Deinen effektiven Vertrieb?
Und mit welchen Vertriebsprozessen lässt sich am einfachsten eine Skalierung erreichen, damit viele Produkte verkauft werden können?

Anzahl der Menschen

Hierbei geht es darum, wie Du in der gleichen Zeit eine große Anzahl von Menschen erreichst und Dein Angebot anbieten kannst. Auch hier gibt es zahlreiche Möglichkeiten und Wege.

Zum einen kannst Du einen riesigen Vertrieb aufbauen, um in der gleichen Zeit eine Vielzahl von Menschen zu erreichen.

Oder Du setzt auf Online-Marketing – bis hin zum „Omni-Präsenten Online-Marketing" – um viele Menschen gleichzeitig zu erreichen.

Es geht also darum, zu überprüfen, wie Du ganz speziell in Deinem Business eine große Anzahl Menschen erreichst, um Dein Produkt oder Deine Dienstleistung zu verkaufen.

Die Kunst ist es, nicht nur die Formel zu kennen. Die Kunst ist es, die Formel genau so einzusetzen, dass man mit dem geringsten Aufwand und Widerstand das Höchstmögliche erreicht.

Dies kann man durch individuelle Beratung passgenau für Deine Business-Möglichkeiten entwickeln. Darin liegt der Unterschied zwischen dem Champion und dem Loser: Der Champion kennt nicht nur die Strategien, sondern weiß, wie er die Strategien in der Perfektion anwendet und umsetzt. In dieser Perfektion liegt der Reichtum. Also lass uns gemeinsam überprüfen, wann wir an deinen Business-Strategien arbeiten.

Siehst Du, so schlimm war das doch gar nicht mit der Formel. Wie Du sicherlich erkannt hast, geht es bei dieser Formel nur wenig um Mathematik. Es geht vielmehr darum, Dir Deine Erfolgsfaktoren bewusst zu machen. Nimm Dir also einmal einen Augenblick Zeit und denk darüber nach, wie Du Deine Kompetenzen in den verschiedenen Bereichen einschätzt.

Und dann ...geh am besten gleich zur Übung dieses Kapitels!

Fazit: Nutze bewährte Formeln und Strategien der (Erfolg-)Reichsten und übertrumpfe sie alle.

Challenge #10: Steigern, steigern, steigern

Damit Du so richtig in die Umsetzung kommst und auch wirklich einen Nutzen aus der Reichtums-Formel ziehen kannst, möchte ich, dass Du Dir für jeden Faktor der Gleichung überlegst, was Du daran für Dich verbessern kannst. Wie Du die Faktoren steigern kannst, um das Maximum für Dich herauszuholen.

Notiere Dir bitte hier Deine Ideen:

Was kann ich tun, um meine Wirkung zu steigern?

Was kann ich tun, um meine Verkaufskompetenz zu steigern?

Was kann ich tun, um die größtmögliche Anzahl an Menschen in der gleichen Zeit zu erreichen?

11
DU

"Nur wer seinen eigenen Weg kennt, kann von niemandem überholt werden."
- Marlon Brando

Wir sind nun im letzten Kapitel Deiner Reise zum doppelten Millionär angekommen. Das hier ist Dein Kapitel. Nur für Dich.

Du hast in diesem Buch erfahren, dass Du in zwei Realitäten lebst – einer inneren und einer äußeren. Du hast verstanden, dass Deine innere Realität mehr ist als Deine Gedanken. Sie ist Dein Muster, Dein Schema, Dein inneres Abbild dieser Welt. Durch sie nimmst Du Deine Welt wahr.

Und das Wichtigste dabei: Sie ist genauso real wie die Welt der Dinge.

Du solltest jetzt auch erkannt haben, dass Dein Weg zum Erfolg über diese innere Realität führt. Erst wenn Du inneren Reichtum aufgebaut hast – Deine Blockaden loslässt, Verantwortung übernimmst, starke Gewohnheiten annimmst etc. – wird äußerer Reichtum zu Deiner Realität werden.

Werde innerlich so reich, dass Du die äußere Welt mit Deiner Ausstrahlung beeinflusst. Das wird Dir Tore öffnen, von denen Du jetzt nicht einmal träumst.

Nun sollte Dir auch klar sein, was Du tun musst. Ich fasse Dir hier noch einmal Deine wichtigen ersten Schritte zusammen:

1. **Werde Dir bewusst, was Du willst.**
   Wenn es Freiheit ist, bedenke, dass Geld dabei eine Rolle spielt. Wenn es Glück ist, bedenke, dass Geld dabei eine Rolle spielt. Wenn es Geld ist, bedenke, dass Geld alleine Dich nicht zufrieden und glücklich machen wird.

2. **Male Dir ganz genau aus, was Du erreichen möchtest.**
   Wir erreichen unsere Ziele sehr viel leichter, wenn wir sie genau kennen.
   Was genau ist es?
   Wovon willst Du frei sein? Angst? Unsicherheit?
   Wie viele Millionen willst Du genau auf Deinem Konto?
   Welches Auto wirst Du fahren? Was ist Dein wirkliches Herzensbusiness?

3. **Definiere Deinen ersten Schritt.**
   Um anzufangen, muss Dein Plan nicht perfekt sein. Starte mit dem besten Plan, den Du hast. Mehr brauchst Du nicht. Lieber unperfekt starten, als auf Perfektion zu warten! Du wirst noch Gelegenheit haben, Deine Strategien anzupassen.

4. **Übernimm die Kontrolle über Deine innere Realität.**
   Ein Zitat von Coaching-Legende Jim Rohn (1930 - 2009) lautet: „Arbeite härter an Dir selbst als in Deinem Job. Wenn Du in Deinem Job hart arbeitest, kannst Du davon leben. Wenn Du hart an Dir selbst arbeitest, kannst Du ein Vermögen machen."

   Nun, das gilt für die Selbstständigkeit sogar noch mehr. Erfolg haben die, die dazu bereit sind. Mache Dich selbst bereit für den Erfolg, in dem Du die Macht Deiner inneren Realität nutzt.

5. **Nutze Business-Strategien.**
   Das Leben ist zu kurz, um alle Fehler selbst zu machen. Auch wenn man viel aus ihnen lernt, solltest Du sie trotzdem vermeiden.

   Mit erprobten Strategien kannst Du wertvolle Zeit und natürlich Geld sparen. Wähle Dir einen Mentor, von dem Du diese Strategien erlernen möchtest und dann gib Vollgas!

6. **Werde ein „doppelter Millionär".**
   Erfolg ist eine Form der Persönlichkeitsentwicklung: Herausforderungen meistern, gute Entscheidungen treffen, Deine Intuition trainieren und lernen, lernen, lernen. Anders geht es nicht.

Bei alldem bewahrst Du Dir ein Lächeln und lebst Dein Business als ein gigantisches Spiel. Selbstzweifel und Ballast lässt Du los. Du wirst innerlich und äußerlich frei, wohlhabend und glücklich.

Jetzt liegt es an Dir. Du musst jetzt die Verantwortung für Dein Leben übernehmen. Du musst die Kontrolle über Dein Unterbewusstsein, Deine Gedanken, Deine Emotionen, Deine innere Realität erlangen.

Auf den folgenden Seiten hast Du Raum, Dir Deine Notizen für Deinen Plan zu machen.

Einladung zu Deinem persönlichen Strategiegespräch

Gehe jetzt auf

www.marcgalal.com/strategiegespräch
und vereinbare einen Termin zu einem
kostenfreien Strategiegespräch.

Gemeinsam werden wir

- ...schwierige Themen aus Deiner Vergangenheit angehen, damit Du endlich die Kraft für neue Ziele hast.
- ...Deine Angst vor der Zukunft, die Angst vor dem Scheitern und Deine Angst, nicht gut genug zu sein anpacken, damit Du selbstbewusst und sorgenfrei in ein neues Leben starten kannst.
- ...die Türen zu einem Leben voller Erfolg, Reichtum und Glück öffnen – alles mit EINEM Gespräch!

www.marcgalal.com/strategiegespräch

Der doppelte Millionär

Wie Du innerlich und äußerlich reich wirst

Ein großer Traum – doch keine Ahnung, wie Du ihn realisieren kannst?
Eine innere Leere – doch keine Ahnung, wie Du sie füllen sollst?
Ein mieser Job, ein leeres Konto, ein trostloses Leben – doch keine Ahnung, wie Du aus dem Hamsterrad aussteigen kannst?

Marc Galal, der Life- und Business-Mentor #1, zeigt Dir in seinem neuen Seminar „Der doppelte Millionär" wie Du all diese Herausforderungen auf einen Schlag meisterst – und endlich innerlich und äußerlich reich wirst.

Finde zu Deinem wahren Selbst, fülle Dein Leben mit den Dingen, die Dir wirklich wichtig sind und steigere Deinen materiellen Reichtum ins Unermessliche. In diesem Seminar wirst Du alle Strategien an die Hand bekommen, um der DOPPELTE MILLIONÄR zu werden.

Besuche das 2-Tages-Seminar „Der doppelte Millionär" und erfahre,

- wie Du ein Gefühl der Zufriedenheit und der Fülle in Dir selbst findest, mit dem Du Dein Selbstvertrauen stärkst und neue Energie schöpfst, um Deine Pläne und Träume in die Tat umzusetzen.
- wie Du weniger Angst, Stress und Sorgen hast und Dich dadurch besser auf das konzentrieren kannst, was wirklich wichtig ist – Deine Leidenschaft, Deine Träume, Wünsche und Sehnsüchte, Dein Business und Deine Karriere.
- was finanzielle Stabilität, Wachstum und Reichtum wirklich bedeutet und wie Du die Person wirst, die all diese Dinge erreicht: Karriere, Erfolg, Reisen, teure Autos und Hobbies.

Gehe jetzt auf www.marcgalal.com/doppelter-millionaer und werde endlich innerlich UND äußerlich reich!

www.marcgalal.com/doppelter-millionaer

0 ZUR ERSTEN MILLION

www.marcgalal.com/erste-million

Social Media

Facebook

www.facebook.com/marcgalal

Instagram

www.instagram.com/marc_galal

TikTok

www.tiktok.com/@marcgalal

YouTube

www.youtube.com/user/galalinstitut

LinkedIn

www.linkedin.com/in/marcgalal

NadineGrahlmannOnTikTok
Ein absolutes Vorbild! Seine Seminare sind lebensverändernd!
6 Std Antworten 1
Gefällt dem Ersteller

finanzfluencer_gina Absolut verdient - wer dich live trifft, wird verstehen warum für mich persönlich der beste Mentor in Deutschland und dabei so menschlich
15h Gefällt 6 Mal Antworten Nachricht

lonser_theoneandonly Danke Marc, du hast mich wach gemacht am no Limits und seitdem an starte ich völlig durch
12h Gefällt 1 Mal Antworten Nachricht

Goran Andjic · 1. 12 Std.
Service Leiter Zürich Koster AG
Und wen ich dich nicht seit mehr als 2 Jahrzehnten kennen würde und deine Geschichte , dein Kampfwillen, dein Focus und Mindset, den Weg nach vorne zu gehen und an sich zu glauben, selbst an sich zu glauben und seinen Weg zu gehen und dann dann noch so viele Menschen zu begeistern würde ich den Werdegang nicht ansatzweise glauben...but it's true
Best Mentor ever #Marc Galal

Danke für deine Inspiration
Gefällt mir Antworten

Markus Wierz · 2. 17 Std.
Verkaufstrainer bei KN Niederrhein
Was soll ich Dir jetzt sagen?
Es gibt halt Menschen...... und es gibt Menschen. Bei dir merkt man mit jeder Zelle, mit jedem Zentiliter Blut das Du für Deinen Beruf lebst.
Wow! Was du an Passion und Herzblut auf die Bühne zauberst ist schon „ Outstanding".
Das zeigt uns allen das es sich auch weiterhin lohnt für seine Ziele zu kämpfen.

Bleibe bitte so wie du bist!

Viele Grüße Markus Wierz

Schatti Denise Auß
Danke Marc Galal , für das was du täglich zurück gibst.
19 Std. Gefällt mir Antworten Nachricht 1
Verbergen

Es war ein super Wochenende, danke dir Marc! Ich habe viele neue Sachen gelernt und jetzt eine top Grundlage zu starten

Du bist die Nummer eins der Coaches und Mentoren. Das Gesamtpaket ist einfach mega bei dir.

Wolke Lipka vor 12 Stunden
Hallo Marc,
Freue mich auf jedes Video von dir.
Deine Seminare und Videos haben mich schon in einigen Lebens/Geschäftsphasen weitergebracht.
Mach weiter so
2

anjaharmscoaching 13h
Also ich bin eine Powerfrau und an Selbstwert fehlt es mir auch nicht mehr. Mein Umsatz in den ersten 4 Monaten in deinem Mentoring kann sich auch sehen lassen. Ich lasse jetzt mal meinen Mann für mich arbeiten, vorher war es immer umgekehrt.
Antworten Nachricht

wollma Marc, Dankeschön Es war super Jetzt kommt die Realität Ich will wieder zurück
13w Gefällt 2 Mal Antworten

Top-Fan
Sabrina Koch
Marc Galal ,ich bin dankbar für deine Worte und Seminare,ich habe schon so viel von dir gelernt.Danke das du da bist
40 Min Gefällt mir Antworten Nachricht
Verbergen

Top-Fan
Sabrina Koch
Danke Marc Galal , deine Seminare habe mich befreit aus meinen Käfig und bin jetzt frei . Meine Gedanken, mein Leben , einfach alles hat sich so mega positiv verändert, ich habe mich verändert und änderte mein Umfeld
Gefällt mir Antworten Verbergen Nachricht senden 14 Std

Hallo Marc,

Ich habe dein Buch vor Kurzem zu Ende gelesen und ich bin begeistert.
Ich konnte wirklich viel mitnehmen und fange grade an es in die Praxis umzusetzen.

Danke für dieses Buch

Liebe Grüße
Emilio

Die Wirkung von dem Buch war grandios.
Ein Buch das mir die Augen geöffnet hat dass es auch ein harten Zeiten möglich ist was zu erreichen.
Dann auch ich möchte ein Business starten und dieses Buch ist ein klasse Anfang dafür.

Sehr spannend und Emotional. Eine Story von der ich wirklich lernen kann. in vielen Situationen habe ich mich selbst darin gesehen.

lx.heinrich Die beste Investition in meinem bisherigen Leben und es is noch nicht vorbei!
9w Gefällt 1 Mal Antworten

bojarinja1 Das war tolle Wochenende, mit viel Energie . Vielen Dank.
3d Gefällt 1 Mal Antworten Nachricht

Hallo lieber Marc,

erst noch mal ein bisschen Beweihräucherung für Dich

Durch Deine Hilfe und Deine Anleitung bin ich meine Höhenangst (und noch ein paar andere Dinge) los!!
Ich war letztes Jahr im Mai auf dem Prac in Belek und habe dort mit einer anderen Teilnehmerin meine Höhenangst (die ich 30 Jahre mitgeschleppt habe) mit Teilchenarbeit gelöst.
Gestern war ich zum Test auf dem Fernsehturm in Stuttgart – oberste Plattform – gigantisch!!! Kein bisschen kribbeln, keine nassen Hände, keine volle Hose
Vielen Dank! Ich bin immer noch sooo geflashed.

cashflowmagnet 14h
Die beste Entscheidung war damals der Besuch von "No Limits" !
Gefällt 3 Mal Antworten Nachricht

reniwenskus 27g
Wunderbar, Marc ich stand bei Dir mit auf der Bühne in Böblingen und durfte Dir ein Stift "verkaufen" und? Ich habe es verstanden. Danke
Gefällt 1 Mal Antworten Nachricht

Scarlet John
Lieber Marc
Vielen Dank für das sensationelle Seminar Vom Verkäufer zum Millionär. Es war genial. Deine Seminare werden tatsächlich immer besser. Ich danke dir für die Tipps. Fühl dich umarmt.
Scarlet
3 2 17:59

Gestern, 15:21

Hallo Marc
Ich habe mir deine Interviews auf you tube angeschaut. Absolut beeindruckend
Was du alles auf dich genommen hast um an deiner Vision fest zuhalten und vor allem wie du dem treu geblieben bist.
Danke dass es dich gibt
Viele liebe Grüße
Barbara

_jojooo_x3 21g
Ich bin dir so dankbar Marc, dadurch das ich dich kennenlernen durfte, bin ich jetzt zum ersten Mal richtig glücklich in meinem Leben, ich lache so viel wie noch nie. Ich habe Träume, Wünsche und Visionen bekommen. Ich habe endlich die Kraft in meinem Muskeln um im @bodyplanet.de jeden Tag zu trainieren und dabei zu zusehen wie die Muskeln wachsen. Ich liebe es und es macht Spaß. Ich bin dir und deiner Familie wirklich von Herzen dankbar. Da wo mich alle Ärzte und Therapeuten aufgegeben haben, hast du angefangen. Aber nicht aus der Intension an mir Geld zu verdienen, sondern aus bedingungslosen Liebe.
Danke Marc und ich freue mich auf weitere Seminare bei dir Ich kann wirklich nur jedem der das ließt und an sich arbeiten will innerlich sowie äußerlich, Marcs Seminare zu besuchen und aktiv mitzumachen. Die Entscheidung Geld zu nehmen und in mich selbst zu investieren würde ich immer wieder treffen. Was bringt jeglicher Besitz wenn man innerlich ein Wrack ist und es nicht genießen kann?
Gefällt 8 Mal Antworten Nachricht

Jens Kabisch · 15:17
Ein großes Dankeschön!

Lieber Marc,
dank Deines Programms und des Mentorings vor einigen Jahren (Platin-Programm) konnte ich mein Unternehmen strategisch super aufstellen und durch bisher jede Krise steuern und dabei sogar wachsen und neue Geschäftszweige gewinnen. Heute habe ich zum ersten Mal die 1 Mio€ Grenze überschritten und ich bin Dir sehr dankbar für alles, was ich bisher von Dir und über Dich lernen durfte. Liebe Grüße und vielleicht mal wieder persönlich im Treffen, Jens

Hallo Marc,

ich muss einfach mal ein paar sehr positive Worte zu deinem Buch loswerden. Ich lese in letzter Zeit sehr viel, das mache ich oft, wenn es mir nicht gut geht. Leider konnte mich in letzter Zeit keines der Bücher aus meinem Loch holen. Ich habe jetzt mit deinen Buch "von 0 bis zur ersten Millionen" begonnen. Bin erst bei etwa 60% und doch hat es mir schon jetzt sehr geholfen. So ein mega gutes Buch und das nur gegen Bezahlung der Portokosten. Definitiv zu günstig aber so hat es mich erreicht, da ich in einer sehr schwierigen finanziellen Situation bin.
So ein packender Schreibstil und auf sehr prägnante Weise wird hier alles Wichtige, das komplette Erfolgswissen aus so vielen Büchern zusammengefasst vermittelt. Wenn ich künftig ein Buch empfehlen werde, wird es genau das sein.
Vielen Dank dafür.

LG
Micha

Milayla05
Verkaufen ,verkaufen und Verkaufen .Das habe ich gelernt zuletzt .Marc Du bist toll Für Deine Seminare bin ich immer wieder Dankbar
14 Std Antworten 2

stevokru War ein GEILES Wochenende
4d Gefällt 5 Mal Antworten Nachricht

barbara_soreia Es war einzigartig und einfach mega
4d Gefällt 2 Mal Antworten Nachricht

maggiesfusspflege Es war ein sehr magisches Seminar, herzlichen Dank dafür.
3d Gefällt 1 Mal Antworten Nachricht

@XX198 · vor 14 Stunden (bearbeitet)
Es ist unglaublich aber wahr , du hast mit jedem Tipp Recht und kann es so unterzeichnen ! Ich danke dir vielmals für alle deine Videos , für all deinen Content und alles was ich von dir lernen durfte. Genau darüber bin ich dir lieber Marc sehr dankbar und wünsche dir für deine weitere Zukunft , beste Erfolge und beste Gesundheit , bleib so wie du bist !

Lg Martin aus Dortmund :-)
Man sieht sich bestimmt bald wieder.....

Starkes Video Marc, vielen Dank für deinen wertvollen und Hochwertigen Content. Man könnte sagen ich denke direkt oder indirekt jeden Tag an dich, da ich durch dich mein Mindset und meinen Horizont um einiges erweitert habe und ich es täglich lebe
ANTWORTEN 1 Antwort 1